女神の目覚め

祓い清めで自分と出会う

長 典男

きれい・ねっと

プロローグ

はじめまして。

長典男と申します。

何の因果か幼いころから見えない世界に片足を突っ込み、厳しい修行を積んだ後、かれこれ50年以上、祓いや加持祈祷などを専門に行ってきた者です。

いまは、私の師匠が名付けてくださった「慈空」にちなんだ「慈空庵」という庵《いおり》を設けて、訪れてくださる方のご相談に乗っています。

様々な悪しきものを取り払う、祓いや加持祈祷といったたぐいのものは、昔はどちらかというと隠れるようにひっそりと行われてきたものですが、近ごろはそういったことに関心をお持ちの方がずいぶんと増えているようです。

それだけ、見える世界の様々に疲れ、生きづらいと感じていらっしゃる方が多いということかもしれません。

あなた様はいかがでしょうか。

見えない世界のことにご興味がおありですか。

それならちょうど良かった。

今日はスピリチュアルなことに興味津々のマナさんという女性が、「慈空庵」を訪ねてきてくださいます。

お見受けしたところ、とても素直で好奇心旺盛な女性のようですから、きっと多くのことを学んでくださることでしょう。

それに、彼女の周りにおられる見えない存在たちが、私を通じて彼女に何かを知らせたいようでもありますね。

なるほど、どうもあなたも同じようですよ。

あなたのお役に立つこともお話しできるようですから、よろしければぜひ、お聞きになっていってください。

さて、時間が参りました。

お迎えすると致しましょうか。

※「慈空庵」は実在する庵ではありません。
長典男のセッションをご希望の方は巻末掲載の公式サイトをご参照ください。

目次

第1章

見えない世界との向き合い方

見えない世界を視る力

マナ　こんにちは、はじめまして！
今日はどうぞよろしくお願いします。

長　マナさん、ようこそお越しくださいました。
楽しみにお待ちしておりましたよ。
さて、今日はどういったご相談にいらっしゃいましたか？

マナ　大きな悩み事はないのですが、「これからどう生きていくのがいいのかなあ？」と思っていた時に偶然「慈空庵」さんを見つけて、「行かなくちゃ！」と思ったんです。

長　ほう、直感に導かれたということですね。

マナ　そうかもしれないです。
ところで、長さんは見えない存在を見たり、感じたりできる人なんですよね。

長　見えるか見えないかと言われれば、それはもう、見えますね。

マナ　どんなふうに見えるものなんですか？

長　変わったご質問ですね。さて、どうご説明しましょうか。
ご先祖様や神様からのメッセージを受け取れるかどうかといったことでしたら、もちろん受け取ってお伝えすることもあります。
ただし、姿かたちまではっきりと見えるかというと、時には見えることもありますが、そこまではありません。私の役割はそういったことではないからです。
がっかりされましたか？

マナ　いえ、逆にその「役割」というのがとても気になりました。「裏高野」という言葉を聞いたんですが……。

長　ああ、「裏高野」ですか。

私のことをそのように言われる方がよくいらっしゃるのですが、実は「裏高野」というものは存在しません。マンガでそういう設定が描かれたことで、独り歩きしてしまっただけなのですよ。

私は正式には高野山で修行した元僧侶です。

「表高野」「裏高野」と呼ばれるものはありますが、これはあくまでも俗称で、その違いはというと、足し算するか、引き算するかということになりますね。

マナ　足し算か引き算？

長　亡くなられた人が成仏するようにお経をあげたり、生きている人が幸せになるようにとお説教したり、つまりプラスしていく、足し算をしていく役割を担う僧侶を「表」と呼びます。

ちなみに、お説教というと叱られることだと思う人がいるかもしれませんが、人はどのように生きていくべきなのかといった人生訓のようなものを伝えていく、つまり教育するのが本来のお説教なのですよ。

マナ　じゃあ、「裏」は？

長　それに対して、霊が憑いた、悪いエネルギーの攻撃があったというような時に、それらを加持祈祷などでもって取り祓い、その人を浄化するという、そういう意味で引き算をするのが「裏」の僧侶です。

「表」がいわゆる「仏教」であるとすると、「裏」は普段の生活では必要ないというところもあって「密教」ということになります。

念仏を唱えるのか加持祈祷をやるのか、それが「表」と「裏」の違いです。だから、私たちの界隈では「何やってるの？」と聞かれて「加持祈祷をやっています」と答えると、「あんたは裏なんだね」ということになるわけです。

マナ　ということは、長さんは、「裏」の役割をしている元お坊さんということですね。

長　そういうことになりますね。

攻撃型の「祓い」、防御型の「清め」

長　私の役割について、少し大局的にご説明すると、見えない世界の存在が見える人というのには、大きく分けて「攻撃型」と「防御型」の二種類があります。

マナ　えっ！　見えない存在ってみんな攻撃してくるものなんですか？

長　いえいえ、そういうわけではありませんが、悪しきものもありますね。恨みつらみの念や、邪霊、生霊といったものは、いつの世もはびこっているものです。それらを取り去る「祓い」を行うのが、私の役割なのですよ。

マナ　じゃあ、長さんは攻撃型ということですね。

長　そういうことになりますね。そうそう、先に申し上げておきますが、攻撃型だからなのかどうか、私は優しく寄り添って話すということがどうも苦手で、歯に衣着せぬ物言いで少しばかり有名なようです。失礼なことや無粋なことを申し上げた時には、どうかお許しください。昔は無表情のままズバリ言いすぎてしまって、相談に来られた方を怖がらせてしまうこともよくありました。最近ではなるべく笑顔を心がけていますが、「それが逆に怖い」と言われたりもして、戸惑っているところです（笑）。

マナ　素敵な笑顔だと思いますが、そう言われると突然怖いような気がしてきました（笑）。ちょっと覚悟して聞きますね。

長　ありがとうございます。そうしていただけると助かります。

話を戻して、攻撃型の人は、攻撃の対象を感じ取ることはできますが、はっきりとは見えません。はっきり見えると困るのですよ。

マナ　どうしてですか？

長　自分の戦闘力を100%出し切るためです。

相手と戦う時に目の前の敵の本当の実力が見えてしまう、たとえばものすごく怖そうな強大な存在がドーンと見えてしまうと、腰が引けてしまって戦えないかもしれません。はっきりと見えるかどうかはどちらでもよくて、とにかく全力で戦えるということが攻撃型の人にとっての前提条件なのです。

マナ　なんだか、すごい話ですね。

じゃあ、防御型の人はどんな感じですか？

長　防御型の人は、基本的には戦わない人たちです。ただ、攻撃する能力をまったく持っていないわけではありません。

彼らの最大の武器は「清め」です。癒しによって戦闘意欲をなくさせたり、怪我をしたところを治してあげたり、様々な愛を相手に与えることによって、攻撃する力を中和していってしまうのです。

防御型の人たちは、相手に最善のことをするために、相手のことをよく見ようとしますから、姿かたちがしっかりと見える人が多いのですよ。

マナ　それって戦うっていうんですか？

長　悪しきものの攻撃を無効化するのですから、戦っていると言えるでしょうね。ただ、そういうかたちで戦うこともできるにはできるのですが、それはどうしても仕方のない時だけで、基本的には戦いません。

彼らが見えない存在をしっかりと見ることができるのは、相手の気配を正確に敏感に感じ取ることで、そういった存在との遭遇を回避するためでもあるのです。

見えない世界の扉は開いたばかり

マナ　攻撃型は「祓い」、防御型は「清め」で戦うなんて、なんだかマンガやアニメみたいでカッコイイです。

長　そんな格好の良いものではないですよ。

仕事柄、物騒なご説明しかできないだけのことです。

マナ　そういえば、最近ＳＮＳなんかを見ていると、「神社で神様の気配を感じた」とか、逆に「人ごみで嫌な気配がした」なんていうことがよく投稿されているのを見かけるんですが、それって、長さんみたいな人たちが増えてきているっていうことなんでしょうか？

長　たしかに、スピリチュアルなこと、見えない存在を感じるといった主旨のことをおっしゃる方が増えている気はしますね。

見えない世界に興味関心を持つ人が増えて、そういった世界の扉が少し開いている人が増えてきているということでしょう。

ただし、そういった方々のほとんどはまだまだ初心者で、「それは何なの？」「どんな姿をしていたの？」「なぜそこにいたの？」といったことをお尋ねしても、おそらく明確には答えられないのではないかと思います。

マナ　ちゃんと見えないということは、初心者は攻撃型ということですか？

長　おっしゃるとおりです。見えない世界と向き合う場合、実は誰でもがまずは攻撃型から始まるものなのです。

なんとなく見えない存在を感じても、最初のうちはそれがどんな存在なのかというところまでは判断できないものです。

見たい、知りたいというお気持ちは分からなくもないですが、見えないのであれば見る必要はないということ。それよりも、見えない存在を感じるようになったかぎりは、しっかりと自分の身を守ることの方がずっと大切なのです。

マナ　どうやって守るんでしょう。

長　実際のところ、気配を感じる程度なら、もしかすると気のせいかもしれませんし、神様やご先祖様、あるいは良き想いであることもあり、何か問題が起こることも少ないとは思います。

ただ、それと同じだけ悪しきものも存在し、時には害が及ぶこともあるかもしれません。今日のお話の中でも多少のヒントはお伝えできると思うので、学び活用していただければと思います。

マナ　もし長さんのような道を歩みたいと思ったら、どうしたらいいんですか？

長　仮に見えない世界に向き合う道を歩まれる場合、最初は攻撃型、と言ってもパッと砂をかける程度の簡単な「祓い」なのですが、そこからスタートして、ある程度攻撃型としての力を身につけたところで、危ないとなったら逃げられる手段を探るなどの防御型に進みます。

こうして攻撃と防御の最低限の力を身につけられたところで、攻撃力を研ぎ澄ませて相手を退散させる攻撃型の「祓い」、癒して調和させる防御型の「清め」のどちらかに特化していくというようなかたちになります。

マナ　なんだかすごいなあ。

長　どんな道でも険しさはあるもので、相当の修練と経験が必要となります。

当然ながら、一般の方にはあくまでもごく基本的なことしかできないので、不用意に見えない世界に足を突っ込むことは、あまりお勧めできません。

いまはまだほとんどの方が、見えない世界の扉をほんの少しだけ開いたという状況ですから、まずはその世界のことを学びながら、自分の身はできるだけ自分で守るということを考えるというスタンスでいるのが良いのではないかと思いますね。

そもそもスピリチュアルってなに？

長　もしかすると、マナさんはスピリチュアルな能力を身につけたい、それをお仕事にしたいといったことをお考えですか？

マナ　今の仕事や生き方のままでいいのかなあっていう思いはあります。
最近、ＳＮＳなんかを見ているとスピリチュアルなことを発信している方が多くて、なんだかキラキラした感じがして……、すこし憧れはあるかもしれません。

長　そういうことでしたか。
それでは、ひとつご質問したいのですが、マナさんはそもそも見えない世界、スピリチュアルというものをどのように捉えていらっしゃいますか？

マナ　ええっと……。見えない存在、神様やご先祖様からのメッセージを受け取ったりするという感じでしょうか。

長　なるほど。

それでは、すこし想像してみていただきたいのですが、空手の大会の模範演技で、瓦や石を手刀《しゅとう》で割ったりしますね。でも、いくら鍛えたところで、手が金属のように硬くなることはない。手で石を割るなどということは、通常はできないことなのです。

それができるのは、手に意識、エネルギー、すなわち見えない力を集めてくることができるから。これは非常にスピリチュアルなことだと思うのですが、いかがでしょうか？

マナ　そう言われてみれば、そうですね。

長　小柄な女性が大男を一瞬で投げ飛ばしたりするのも、他のスポーツでありえないような技術を繰り出すのも、みんなスピリチュアル、つまり見えない力を使っていると言えるでしょう。

けれど、そこにたどり着くまでにやっていることといえば、目に見える訓練、鍛錬の繰り返しです。目に見える努力をきちんと重ねることで、はじめて見えない力をも発揮できるということですね。

多くの人が、スピリチュアルと言うと、霊が見えるとか、神様の声が聞こえるというところにばかり目を向けがちですが、意識、気というものを集中させて現実的に様々なことを成すことも、間違いなくスピリチュアルなことなのです。

マナ　なるほど。

長　さらに言うと、マナさんは仕事中、上司やお客様の話を聞きながら、そういった方々の想いや希望を汲み取ったりはしていませんか？

マナ　たしかに、メールには書かれてはいないけど、こういうことを伝えたいんじゃないかなとか、こういうご希望があるんじゃないかなって……。
あっ！　もしかして、これもスピリチュアルなことなのかな。

長　見えないエネルギーを感じ取るという意味では、完全にスピリチュアルですね。

他にも商売をされているとして、時流を読んで、今はこの商品が売り時だとか、控えたほうが得策だとか、皆さん普通に考えますよね。

現実の世界で人や物、お金が動いているわけですが、これも見えない世界のエネルギーを感じ取って活用する行為だと言えるでしょう。

霊的な存在が見えたり感じられたりすることだけが、スピリチュアルな力なんだというのは、ちょっと片手落ちだということ、お分かりいただけたでしょうか。

マナ　スピリチュアルって案外身近なものなんですね。

日々飛ばされている生霊や念

長　このように、私たちは日常生活の中で、見えないエネルギー、想いを飛ばし合って生きています。

この日常の中で飛ばし合うエネルギーのことを「生霊」と呼びます。

マナ　ええっ！　生霊ってなんだかもっと怖いもののイメージがあります。

長　広い意味で考えれば、小さなものから大きなものまで、誰もが日々たくさんの生霊を飛ばしています。

相手のことを思いやるようなプラスのエネルギーの生霊もあれば、嫉妬して相手を貶めようとするようなマイナスのエネルギーの生霊もあります。

マナ　マイナスのエネルギーの生霊、私も飛ばしちゃったりしているのでしょうか？

長　実は、ちょっと嫌なことがあって「チッ」と思っただけでも生霊は飛んでしまうものなのですよ。これは「念」と呼んだ方がよいかもしれませんが。

マナ　どうしよう。止めなくちゃ！

長　いえいえ、止めようと思う必要はありません。

まったく無自覚ですし、それを止めるとなると無感情になるしかなくなりますから。そんなことは無理な話ですし、そのくらいの小さなものなら自然に浄化されていきますから、心配には及びません。

マナ　良かった。ホッとしました。

長　ただし、人を強く責めたり、妬んだり恨んだりといったことはしないように、気を付けてくださいね。

それから日常生活の中では、たとえば満員電車に乗った時などに、充満している念、生霊に影響されて異常なほど疲れてしまうといったことも起こることがあります。

マナ　そういった時はどうしたらいいんでしょう。

長　簡単な対処法は後ほどお伝えしますが、何より大切なのは「自分に不必要な念や生霊は受け取らない」と決めることです。

スピリチュアルな世界にすこし入り込んだ人は、「私は敏感だ。念を受け取りやすい」と思ってしまいがちなようです。

周りのエネルギーを注意深く感じ取ることはとても大切なことですが、やりすぎは禁物です。それでは念を探してキョロキョロしているのと同じことになって、自分で引き寄せることになってしまうのですよ。

マナ　わあ、それはあるかもしれないです。
でも、そういうことじゃなくて、強いマイナスのエネルギーを持った生霊が憑いてしまうということも、やっぱりあるんですよね？

長　ありますよ。
恨みの念といった強いマイナスのエネルギーを持つ生霊が生じた時には、それを受けてしまうと人生に悪影響が出てきてしまうので、そこでそのマイナスのエネルギー、すなわち悪しきものを取り去る、私のような役割の人間が必要になってくるというわけです。

マナ　その役割は、たしかに一般の私たちが簡単にできることではなさそうです。

長　そうですね。そういった困難がやってきた時には、対処できる専門家に依頼するのが、一番良いと思います。

見えない世界で仕事をする覚悟

マナ　スピリチュアルな仕事って、想像以上に大変なものなんですね。

長　今はスピリチュアルなことへの関心が高まって、それを仕事にされようとする方や、仕事にされるところまではいかなくてもそういった能力を手に入れて活用されようという方がとても多く、そういったことを学ぶ場も増えているようです。

私も師匠から学びましたし、場合によってはそのやり方を伝授するということもあります。また、他にもそれぞれの分野で、真摯に教えておられる先生方はたくさんいらっしゃいます。

ただ、商業的にというのでしょうか、簡単に誰でもがスピリチュアルな能力を手に入れられるというような謳い文句を目にすると、「ちょっと待ってください！」と言いたくなります。

マナ　私もキラキラしたサイトを見て、学んでみたいなあって思っていました。

長　ちょっとした癒しや浄化であればまったく問題ないですし、むしろ学ぶのは良いことだと思います。

ただ、専門家としてやっていくとなると、恨みつらみといった強い念などと対峙するような場面も、どうしても出てきてしまいます。

長年この世界にいる私としては、志す方を止めるつもりはありませんが、本音を言うとそんなに簡単なことではなく、ひとつ間違えれば、命にかかわることもあると覚えていてほしいのです。
だから、もしそういったことをされるのであれば、謳い文句に乗せられることなく、そんなリスクも承知したうえで関わってくださいねということです。

マナ　命にかかわることもあるんだ。

長　見えない世界に本当にきちんと関わっている方なら、皆さん同じことをおっしゃいますよ。そして、本当にそういう世界に進みたいと望まれるのであれば、道は自《おの》ずと開けてくるものです。

マナ　長さんは、どんなふうにその道を切り開いてこられたんですか？

長　どんな仕事も同じことですが、まずは自分の特性を把握して、それを研ぎ澄ましていくことが大切です。

私の場合は、物心ついた時から見えない世界が見える、見えない存在からの声が聴こえるという特性を持っていたので、ある意味生まれながらにしてこの世界で生きていく運命にあったと言えるのかもしれません。

過酷な家庭環境のせいもあって、幽霊や魑魅魍魎《ちみもうりょう》といったものの世界とつながってしまい、何度も自殺未遂を繰り返すような子供時代を送りましたが、やがて師匠に出会って厳しい修行を重ねることになりました。

マナ　ちょっと普通ではなさ過ぎて、想像もつかないです。

長　そうでしょうね。

そういった経験を経て、今の私はお祓いや加持祈祷などの分野については突出した能力を持つに至っています。

でも、見えない存在を見るのが得意なのかというと、先ほどもすこし申し上げたとおりそれほどのことはなく、私よりもしっかりと見通せる人はたくさんいます。

マナ　攻撃型だからですね。

長　そうです。ずいぶん昔、まだ自分の役割がきちんと分かっていなかった頃には、もっとしっかりと見ようと努力したこともありますが、やがてそんなことをしても意味がないと思うようになりました。
　そんなことをするよりも、祓いの力、人やもの、場を浄化できる力を研ぎ澄ましていったほうがいいと気づいたのです。スピリチュアルの世界の中で、私が得意とするのはそういった能力であって、ないものねだりをするよりは、そこを伸ばしていったほうがいいと思い至ったわけです。

マナ　苦手なことを頑張るよりも、得意なところを伸ばした方がいいなんて、勉強法みたいですね。

長　まったく同じことですよ。

神様や尊い存在の声を聞いたり地底人に出会ったり、様々な不思議な経験をさせていただくこともあります。そのことについては、そういった存在たちからの恩恵、恩寵には心から感謝し、必要に応じて皆さんにお伝えするということもしています。

しかし、私が自分の役割として研ぎ澄ましていくべきなのは「祓い」の力であって、これに関しては誰にも負けないというくらいの意識でいまも精進を続け、取り組んでいます。

マナ　今も学び続けているんですね。すごいなあ。

長　いえ、これはどんな職業でも同じことですよ。

自分が持っている能力、得意とすることを見つけて、それを研ぎ澄ましていくことが大切なのです。

得意と好きとは別物

マナ　ということは、仕事を選ぶときには、自分の得意なことを選ぶのがいいんですね。私の得意なことってなんだろうなあ。

長　私の場合は過去生の記憶や、もともと見えない存在が見えるという性質を持っていましたから、自然とこの道を進むことになりました。

ですので、見えない存在の導きによって、自分の能力や得意なことを見出すということもあると思います。また、ご両親や先生などのアドバイスや、適性試験といった外側からのアドバイスによって得意なことを見出すことも有用でしょう。

念のために言っておきますが、どちらも貴重で尊い示唆なのですよ。

マナ　うわあ、見えない存在からの導きを上に見ているの、バレちゃってる（笑）。

長　お顔に書いてありますよ。

ただし、それがたとえ見えない存在からの導きであったとしても、その道を学び生きていくことが「正しい」のかというと、それは違います。

学んでみる、やってみることはしてもいいけれど、最終的に決めるのはあくまでも自分の意志、意識なのです。

マナ　見えない存在からのメッセージでも、ですか？

長　はい、そうです。

得意であること、適性があることは間違いないかもしれませんが、それを選ぶことがマナさんにとって正しいことかどうかは、マナさんご自身にしか分からないからです。

たとえば、数学が得意でいつも良い点が取れるというのと、数学という学問が好きなのとはイコールとは限らないですよね。自分が得意なこと＝自分がやりたいこと、自分が好きなこととは限らないのです。

マナ　得意なこと＝好きなことだと思い込んでいたけど、言われてみればそうとも限りませんね。

長　あなたにはこれが合っていて、得意で、学んでいけば力が伸びるよということを教えることはできます。

それが好きになって楽しんで、突き詰めていけたら言うことはありませんよね。もちろん、そういう方もいらっしゃいます。

でも、それがどうにも好きになれないことだったら、そういう特性で生まれたから、得意だから、それをやれば成功できるからといって、それをやることが幸せだ、それをやるために生まれてきたとは言えないのではないでしょうか？

マナ　たしかに……。

長　たとえば、野球がとても向いていて、野球を選べば間違いなくプロ野球の選手になって大活躍すると言われたとしましょう。でも、好きなのはサッカーだった。サッカーを選んだらプロになれるかどうか……、ちょっと難しいかもしれない。

マナ　うわあ、厳しい選択。

長　いやいや、落ち着いて考えてみてください。野球でもサッカーでも、プロを目指すとなれば、適性の有無に関係なく毎日とてつもなく厳しい練習をしなくてはなりません。よほど好きでもないかぎり、そこまで頑張ることなんてできないとは思いませんか？

マナ　ほんとだ。好きでも辛いだろうけど、好きじゃなかったら拷問だ。

長　もともと持っている能力と、やりたいことというのは、必ずしも同じとはかぎりません。だから、見える偉い人だろうが、見えない神様だろうが、誰に「これがあなたに合っていますよ」と言われても、即座に「はい、分かりました」と言いきれるかというと、それは分からないのです。

やれば得意なのかもしれない、でも、選び取り突き詰めていくかどうかは、しっかりと自分で考えなければならないということです。

凛と立って幸せに生きていく

マナ　でも、好きなことと言っても、パッと思い浮かぶようなこともないし、なんだか何をどうすればいいのか、分からなくなってきてしまいました。

長　なにも難しいことはありません。普段の暮らしや仕事の中で、楽しいなと思える部分に注力することから始めればよいのですよ。

　少々お節介かもしれませんが、見えない世界を扱う力を得たいと思われる方は、何のためにそういった能力を手に入れたいのかを、よくよく考えてみることをお勧めしたいですね。

　人を癒したい、救いたいとおっしゃる方が多いですが、実は自分自身が癒されたい、救われたいと願っていることが多いものなのですよ。

マナ　どうなんだろう……。ちょっとムッとしちゃうけど、そうかもしれません。

長　失礼なことを申し上げましたね。

でも、人のこと云々よりも、まずは自分自身が凛と立って幸せであること、マナさんにはそこを目指していただきたいと思うのですよ。

マナ　「凛と立って幸せ」ってすごく素敵だけど、具体的にはどんな状態なんだろう？

長　仕事で言えば、お金が多く得られるとか、人気の職業であるとか、人よりも優れているといったこれまでの尺度ではなく、自分が生き生きと楽しめることです。

また、誰かが笑顔になる、人が喜んでくれることというのも、基準となりますね。

マナ　よく分かるし理解もできるんだけど、やっぱり見えない世界には興味津々だし、今の自分の仕事のままにしても転職したりするにしても「凛と立って幸せ」でいられるのかどうか、正直ちょっと分からないです。

長　今は分からなくても大丈夫ですよ。

見えない何かに頼るのではなく、ご自身に向き合うことを、まずは決めてくださいね。それによって、人生はまったく違うものになっていきます。周りの景色の見え方や、感じ方も大きく変化します。

ただし……。

マナ　ただし？

長　いまの社会そのものが、そうして幸せに生きようとする人々、特にマナさんのような女性を応援してくれるものではないのが、また大きな問題なのです。

第2章

日本は女神の国　縄文は女神の時代

道具のように扱われる子供たち

マナ　社会が女性を応援してくれないっていうのは、今が男性中心の社会だということ……で合っていますか？

長　そのとおりです。

現代は男性中心の社会となってしまっています。そのことが、多くの人が生きづらくなってしまっている最も大きな原因だと、私は考えています。

ところでマナさん、今の世界人口はどのくらいかご存じですか？

マナ　たしか80億人を超えたんですよね。

長　年々、すごい勢いで増加していますよね。

でも産業革命の頃、２００年ほど前は約10億人だったのですよ。

マナ　ええっ！　そんなに少なかったんだ。

長　そこからどんどんどんどん増えていって、１９７５（昭和50）年頃には40億人、さらにどんどん増えて今では80億人、約２００年の間に70億人ほども増えたことになります。

マナ　日本では、人口が減少し始めているというニュースばかりだから、なんだか実感が湧かないですね。

長　そうですよね。

さらに実感が湧かない話かもしれませんが、実は増えているのは子供なのですよ。日本を含む先進国では子供の人口がどんどん減っていますが、開発途上国と呼ばれるような国や地域では、逆に尋常ではないスピードで子供が増えています。

なぜ増えているのかというと、子供たちを労働力と捉えているからです。自分たちの暮らしが楽になるように、そのために子供を増やしているのですよ。

マナ　労働力だなんて、そんな……。

長　マナさんには、ちょっと考えにくいことかもしれませんね。
でも、産業革命以降のような急速な増え方はなかったにしても、労働力、あるいは武力として子供を増やすという、子供を道具のように扱う考え方自体は、実は歴史上どの国にもずっとあったことで、特段変わったことではありません。
ただ、日本でそういった考え方がされることは、明治維新以降「産めよ増やせよ」などと言われるようになるまでは、一時期を除いてほとんどなかったのです。

マナ　一時期というのはいつですか？

長　戦国時代です。

ただ、戦国時代に子供が道具のように扱われたのは、労働力のためということもあるのですが、それよりも一族の血を絶やさないためというのが大きな理由でした。

戦国時代というのは、周りの人間は誰も信用できないという時代でした。そんな中で一番信頼できるのは血縁関係だということで、血縁を結ぶための政略結婚が当たり前のように行われていたのです。

また、お殿様が側室を設けてたくさん子供を作ったのは、血縁のない人を信用しないから。血縁のない人間は寝返るかもしれないけれど、自分の子供なら大丈夫だろうという考え方だったのです。

マナ　そういうの、テレビドラマなんかで見たことがあります。

長　たしかに、よくありますね。
子供を道具のように考えるということは、結局その母親である女性も道具のように扱われるということになります。この時代の女性たちにはまったく人権がなく、多くの女性が辛い思いを強いられることになりました。

有力な一族とつながりを作るために嫁に出されるというのは、婚姻というのは名ばかりで人質となるようなものでした。

危険だなという相手には、家来の娘を養女にして嫁に出します。そうすれば、相手が裏切ったところで自分の本当の娘ではないから簡単に見殺しにできますから。

マナ　そんな駆け引きの道具にしてしまうなんて、ひどい……。

長　そうですね。

でも、これはただの昔話ではなくて、表面的には平等で公平だということになっている今の日本でも、そういった考え方の名残はあちこちにあります。

マナさんがこれから生きていくうえでも、そのことはちょっと覚えておいたほうが良いだろうと思います。

縄文時代が1万年以上続いた理由

マナ　さっきの長さんのお話から考えると、明治維新以前で、戦国時代以外の日本では、子供を道具のように扱うということはなかったということですか？

長　もちろん、ひどい親が一人もいなかったということはないと思いますが、ほとんどの子供たちはとても大切にされました。

このことは世界の中では非常にイレギュラーなことだったのですが、なぜそんなイレギュラーなことが起こったかというと、日本には特殊な民族、縄文人が多く暮らしていたからのですよ。

マナ　1万年以上続いた、縄文時代の縄文人ですよね。

長　そうです。縄文人は争うことを好まず、子供をとても大切にする人たちでした。もともとモノやお金をたくさん持ちたいというような考えはないし、たくさんある時には「おすそ分け」する、みんなで分かち合うというような考え方で生活をしていたのです。

マナ　だから、1万年以上というとてつもなく長い間続いたのですね。

長　また、縄文の頃の日本の人口は、少ないときで10万人、最高でも70万人ほどでした。余談になりますが、長野県から山梨県にまたがる八ヶ岳は、よく「縄文銀座」と言われるのですが、約1万人ほどの人たちが暮らしていたからです。1万人というと、今の感覚では小さな町程度ですが、当時としてはものすごい人数だったのです。労働力として子供を増やすなどという考えはまったくなかったので、人口が急激に増えるといったことがなかったのですね。

マナ　八ヶ岳は縄文時代の楽園だったということですね。子供が大切にされていたということは、女性も大切にされたんでしょうね。

長　とんでもない！　大切にされていたどころではありません。縄文時代から連なる日本の歴史は、ずっと女性が中心で動いてきたのです。

「女性は不浄である」のウソ

長　女性は本来、子供を産み育むこと、そして神とつながることのできる女神性を持った清らかで尊い存在なのです。

女性が虐げられ、輝くことのできない社会は、争いが絶えず苦しいものになります。

マナ　どうしても、男性が強くて、女性や子供はその庇護《ひご》のもとで生きていくというようなイメージがあるけれど、それは逆っていうことですか？

長　まったく逆です。大切な存在だから男性が守らせていただくというのが正しい。パートナーのことを「カミさん」と呼ぶでしょう？　女性は太陽であり、女神なのですよ。男性諸君には、いい加減気づいていていただきたいものです。

マナ　でも、女性は古くから大切にされてきているお神輿《みこし》に触れてはいけなかったり、お相撲の土俵に上がれなかったりしますよね。どちらも女性が不浄な存在だからだって聞いたことがあるのですが……。

長　良いご質問ですね。

女性がお神輿に触れてはいけないのは、女性が不浄だからというのはまったくの誤解です。お神輿は漢字のとおり、神様の乗り物です。神様の乗り物を背負い、神様をお守りするのは戦士、すなわち男性の役目だということなのですよ。

そして、相撲の女性を土俵に上げないという決まりは、相撲が神事から興行に変わった時からのことで、その時から男性優位となっただけです。つまり、日本古来の伝統ではないのですよ。

マナ　じゃあ、女性が不浄だからできないというようなことって……。

長　そもそも不浄ではないのですから、そんな理由でできないことは何もありません。かつては霊験あらたかな山の中にも、女性が不浄だからとして登れないという山がたくさんありましたが、実はまったくそんな理由ではなく、むしろ逆なのですよ。

マナ　逆？

長　はい、真逆です。

本当は男性が不浄のものであり、山に上がってはいけなかったのですよ。男性は部族の争いで人を殺《あや》めたり、狩りをして動物を殺めたりといった血を浴びる不浄の者ということで、神々様のおられる山に上がってはいけなかったのです。そもそも神降ろしをする、つまり神様の声を聴いて人々に伝えるのは女性の役割なのですから。

マナ　巫女さん！

長　そうです。巫女の舞によってご神託、つまり神様の声を降ろすわけですが、これは女性が清らかで神聖な存在だからこそできることなのです。

でも、男性も神様のいらっしゃる山に上がりたいという願いがあって、そこから始まったのが修験道です。山伏は山に上がっても大丈夫なように自分を清めるのです。

マナ　山伏さんの修業って、そのためだったんだ。

長　結果的に修行するということになってしまっているけれど、厳密に言うと修行ではなく「祓い清め」なのですよ。

「滝行」と言われますが、あれは水の力で自分を清めているのです。動物を食べないというのも「清め」ですね。護摩行などは「祓い」、要するに「祓い清め」をして、山に登れるような清らかな状態になるということなのです。

神様は山の頂上にはいない

マナ　山に入るのはもともと女性の役割だというのは分かったんですが、神々様のいらっしゃる霊山と呼ばれるような山は、かなり登るのが大変そうな山ばかりですよね。大切な役割とは言っても、キツイのは嫌だなあ。

長　それが違うのですよ。
もともと、神様が祀られる山は、山と言っても高原程度のものなのですよ。女性だけで登っていくわけですから、そんなに厳しい山なわけがありません。
自然の厳しい高い山に登るようになったのは、非常に男性らしい発想なのですが、心身を鍛錬する修業という要素が加わったから。山の頂上に神様が祀られるようになったのも、そういう流れで神社ができるようになってからのことなのです。

マナ　わあ、疑問が解けました。
実は私、ずっと「どうして神様は山の頂上にいらっしゃるんだろう？」と不思議に思っていたんです。「頂上が一番偉いんじゃないはずなのに、おかしいなあ」と。

長　それはもう、男性の征服欲のなせる業ですね。

古代の神さまが祀られている磐座があるようなところは高原であったり、山であっても中腹がほとんどですよ。

たとえば岐阜県に磐座公園といって磐座が点在するところがあるのですが、山の中腹にあって、車から降りてすぐのところです。

マナ　頂上に神様がいて、そこへ行かなきゃならないということではないんですね。

長　今は「ご来光」というと頂上で拝むのがありがたいというふうになっていますが、実は頂上まで登る必要もないし、もともと登ってもいないのですよ。見晴らしさえよければ、山の中腹でも拝めますからね。

たとえば、群馬県に赤城山《あかぎ》という山があるのですが、大衆演劇などでよく演じられる「赤城の山も今宵限り……」の国定忠治《くにさだちゅうじ》で有名な所ですね。

マナ　国定忠治？

長　ああ、申し訳ありません。マナさんには分からないですね（苦笑）。

この赤城山の中腹に赤城神社があり、こちらが女性が登って神様をお祀りするところになります。頂上の大沼というカルデラ湖の湖畔に同じ名前の赤城神社があるのですが、こちらは後から作られた別物なのです。

マナ　山の頂上に登るのが、山に入るということではないということですね。

長　山の裾野から上がっていけば、山に入るということになりますよね。

山の頂上だけに神様がいらっしゃるというのは、考え方としておかしいのですよ。基本的にはご神事をする場所は、女性が上がれる場所ということになります。

山伏たちは山の中を駆け回ったり、岩場をよじ登ったりするわけですが、そういった危険な場所だと神様も安心していられないかもしれませんよね。そういったところは、あくまでも心身の鍛錬の場ということになります。

マナ　女性でも山に登る方もいらっしゃいますが、それはダメではないですよね？

長　山に入るのに祓い清めが必要なのは、基本的には男性だけですが、女性がやってはいけないということはありませんよ。

でも修行となると、それそのものが男性用にプログラムされているので、そこに女性が入っていくのは、大変だろうとは思いますね。

マナ　そうですよね。やっぱり体格や体力の差は、どうしたって元々ありますものね。

長　もちろん、女性ができないということではなくて、もともと女性を対象に作られたものではないのだということだけ理解していただければと思います。

ご神託を降ろせるのは女性だけ

マナ　それにしても、女性は清らかだから何もしなくても山に入れるけど、男性は「祓い清め」をしないと入れないって、なんだかヘンテコな感じです。

長　もしかすると混乱されているかもしれませんが、ここでいう「祓い清め」とは、神様のいらっしゃるところへ入らせていただき、神様にお会いするために行う特別な浄化としての「祓い清め」のことであり、生霊などを取り去る「祓い清め」とはまったく違うものなので、くれぐれも勘違いなさらないでくださいね。

マナ　ありがとうございます。
実はちょっとこんがらがっていました。
でも、それにしても、やっぱり不公平な感じがしてしまいます。

長　マナさんはそう思われるかもしれませんね。

でも、それが本来であり、男女の性質の違いなのですよ。

もちろん女性も必要に応じて準備をしますが、それは主に「清め」になります。水で身体を清めたり、神社では「精進潔斎」と言って、酒肉の飲食などの行為を慎んで「祓い清め」を行った巫女が、巫女舞をして神のご神託を預かります。

マナ　男性はご神託を受け取ることはできないっていうことですか？

長　受け取れません。

ご神託というのは、神様のほうからかけられるお言葉です。

それに対して、お言葉がいただけるかどうか、願いが聞き届けられるかどうかは分からないけれど、「神様、どうか教えてください」とお祈りをするのが神主なのです。

不公平だと思われるかもしれませんが、男女は性質が違うものですから、たとえば川に入って水行をするということは、女性には本来まったく必要ないのです。

マナ　でもやっぱり、女性は本当に何もしなくていいの？　と思ってしまいます。

長　困ったことに、本当に何もする必要がないのですよ（笑）。

たとえば、諏訪の霧ケ峰高原というところに、旧御射山《もとみさやま》神社や水神社という神社があります。そこの神域に入れるのも女性だけでした。

この高原では、古代非常に大切にされた黒曜石が採れたのですが、女性が何人かのグループで山に入って黒曜石を採取し、それを男性が矢じりなどに加工して狩りなどに使っていたのですね。

マナ　でも、男性も山に登りたいということで修験道が始まったんでしたね。

長　そう、それが修験道の山伏による山岳信仰ですね。

それまでは、神様とつながることのできる磐座《いわくら》などには女性しか行くことが許されませんでした。霊的なエネルギーを扱う陰陽師《おんみょうじ》という人たちがいますが、彼らも山には入らないですからね。

マナ　陰陽師は男性なんですか？

長　そうです。したがって、登らないのではなくて、登ってはならなかったのです。山に登れるのは清浄な存在である女性だけ。それが、男性優位の時代が始まって女性の地位がどんどん貶《おとし》められ、女性は不浄なものだという誤解が生まれました。

それによって、女性が神様とつながることがなくなり、今では社会全体が神様と呼ばれる、見えない尊い存在と分離してしまっているのです。

マナ　そうか。だから今の時代は、争いごとが絶えなくて、子供たちが道具のように扱われるような悲しい現実が蔓延しているんですね。

長　おっしゃるとおりです。

このことにお一人お一人が、マナさんのように気づいてくださることが、今とても大切なのですよ。気が付いてくださって本当にありがとうございます。

陰陽師のルーツは卑弥呼に

マナ　興味本位ですが、さっき一瞬出てきた「陰陽師」のことが知りたいです！

長　「陰陽師」はアニメや映画などで格好良く描かれていますからね。

古代日本には、古代中国から入ってきた陰陽五行思想がもとになった陰陽道というものがあるのですが、その使い手が陰陽師です。陰陽師というのは、律令制下、中務《なかつかさ》省の陰陽寮に属した官職のひとつ、つまりお役人さんだったのですよ。

マナ　お役人さんなんだ！　具体的にはどういうことをしていたんですか？

長　今でいう風水的なことや天体観測、暦の作成や吉日凶日の判断などですね。それが江戸時代あたりになってくると、私的な祈祷、いわゆる呪詛や、占術といったことをする人たちを指すようになったようです。

マナ　いまのマンガやアニメは、そのあたりがミックスされている感じですね。

長　そうですね。
なんでも歴史に忠実である必要はないですし、面白くていいと思いますよ。
それに、最近では歴史を扱うファンタジーのような作品の中に、そんなことまで開示してしまっていいのかなと思うようなものもあるので、ちょっと注意深く見てみるのも良いかもしれません。

マナ　わあ、そう思って見ると楽しそうですね！

長　陰陽師の力というのは、その字のとおり「陰陽」というものを扱うことにあります。「陰陽」というのはよく太極図で表わされる、宇宙の中の様々な事象すべてにあるものですが、最も分かりやすいのは女性と男性の関係性です。陰は清浄で静的な状態で、女性を表し、陽は活発で動的な状態で、男性を表します。ちなみに、女性を象徴する形態は五芒星、これは水のエネルギーをも表しています。では男性はというと、男性は六芒星、こちらは火のエネルギーです。火と水のエネルギーが合わさると「火水《かみ》」、すなわち神の働きになります。女性にシンボルをあてがう時には六芒星を、男性には五芒星をあてがいます。そうすることで象徴的に神になりますよということになるのですね。

マナ　なんだか深い話だなあ。
　じゃあ、私が身に付けるとしたら六芒星が良いということですね。

長　安倍晴明を祖とする土御門《つちみかど》のシンボルは五芒星です。それに対して土蜘蛛《つちぐも》と呼ばれていた人々のシンボルが六芒星。土蜘蛛というのは、朝廷に従わなかった人たち、つまり出雲族というふうに言われています。それと同時に手足が長いなど、日本人とは違う身体的特徴をもった人たちだとも言われていて、おそらくユダヤの流れを汲んでいるのですね。
　こういったことも、いろいろな意見があるところではあるのですが、実のところ天皇家も含めて日本とユダヤとは非常に深いつながりがあります。このユダヤのシンボルというのが「ダビデの星」とも言われる六芒星なのですね。

マナ　たしか六芒星はイスラエルの国旗ですものね。
　それにしても、なんだかすごい話になってきちゃいました。

長　こういうことを象徴的に理解しつなげていくと、様々なことが明快になっていくものなのですよ。

「ダビデの星」と言われる六芒星は、その名のとおり男性、そして火を象徴しています。それに対して大和、日本というのは、平安時代が終わるまでは、ずっと巫女、すなわち女性を中心とした社会でした。

もともと大和とユダヤは、陰陽の関係性にあったということなのですね。

マナ　もともと深いつながりがあるんだ。

長　そうですね。

今日のお話からは逸れてしまうのでこのあたりにしておきますが、こういったことも、マナさんをはじめ多くの方が生き方を整えていかれれば、自ずから明らかになっていくと思います。

マナ　ちなみに、今の陰陽師さんたちって、どういう人たちなんでしょう？

長　私もそう詳しいわけではないですが、陰陽師の家系にある方が受け継がれているのだと思います。

マナ　マンガやアニメで見るような、祓い清めや呪詛なんかもされるのかな？

長　される方もいらっしゃるでしょうが、暦を作ったり、風水などを使って失せ物探しをしたりといったことが多いと思います。
ただ、私の理解でいくと、陰陽師というものには「卑弥呼」の影響が強く出ていたのではないかと思うのですね。

マナ　ええっ！　卑弥呼？

長　歴史の教科書に出てくる卑弥呼は一人の女王ですが、彼女に付き従う巫女が1000人はいて、その巫女集団が各村々を指導していました。

彼女らの役割は陰陽師と通ずるところがありますから、そういった流れを考えると、陰陽師のルーツは卑弥呼であり、もともとは男性ではなく女性であったのだろうと思います。

ただ、これも……。

マナ　あくまでも一つの捉え方なんですよね？

長　おっしゃるとおりです。

私はこれが正しいこれが間違っていると、争いたいわけではないのです。

それこそ、男性性優位の時代へ逆戻りしてしまいますからね。

男尊女卑はいつ始まったのか？

マナ　女性が不浄なものだと認識されるようになったのは、いつ頃なんでしょう？

長　徐々にではありますが、武士が台頭してくる鎌倉、室町時代あたりでしょうね。
そして、女性が不浄どころか、モノ扱いされるようになったのが戦国時代です。

マナ　ということは、平安時代はまだ女性が優位だったということですね。

長　そうですね。
平安時代の頃までは、ご神託を降ろす巫女が中心にいて、伝えられた神様の言葉によって治められていました。男性の通い婚が普通で、女性が家を継いでいました。

縄文時代から1万年以上もの間、日本は女性中心の、女系社会だったのです。

マナ　歴史の授業では、そんなこと聞いたことがないです。

長　それはもう、今は完全に男性優位の社会ですからね。

ただ、縄文の平和な時代が終わってからは、頂点に女性をいただきながら、その下で男性が権力争いを繰り広げるという状況になりました。政権をひっくり返すために暗殺事件を起こしたりといった血生臭い事件がどんどん起こりました。

マナ　教科書で習う歴史って争いごとばかりだけど、それって頂点の下で繰り広げられていることだったんですね。

長　ちなみに、この流れ、構造というのは今も変わっていないのですよ。

今の日本という国の主体は議会ですよね。ここは一応清らかにやっているわけですが、実働部隊の内閣や官僚というのは好き勝手をやっているでしょう？

マナ　あっ！　清き一票ってそういうことなんだ。

長　そういうことになりますね。

頂点が女性ではなくなってからも、そこに立つ者は清らかでなくてはならない。そのぶん配下が泥をかぶるという感じで、様々な意味での不浄なところを担うのが、実権を握ってきた男性たちということになります。

この社会というのはずっと、そういうふうに仕分けをしてきているのですね。

マナ　ちょっと想像もつかないお話ですね。

長　まあ、権力者の話ですからね。

そうそう、先ほど相撲の話が少し出ましたが、今のかたちの相撲を始めたのは織田信長なのですよ。
相撲はもともとユダヤ教のご神事でした。豊作の神と凶作の神が相撲を取って、どちらが勝つかによって豊作か凶作かというのを占ったというのが、相撲の起源と言われています。

マナ　またユダヤですね！

長　ユダヤ民族の言語であるヘブライ語に「スモー」という言葉がありますからね。
その相撲を観客が見て楽しむという娯楽というかたちにしたのが信長です。でも、あくまでも娯楽であって、「国技」などというものではまったくなかったのですよ。

マナ　歴史とか伝統とかいろいろあるけれど、裏事情というか、本当の意味合いって表で言われていることとはずいぶん違うんですね。

長　大きい声では言えないことも、たくさんありますね。
とにかく、女性が不浄だということはないですし、それこそ逆に男性の方が不浄だからという理由で行われていることもあるということを、すこし頭に入れておいていただけると、歴史の見方がガラリと変わって、より真実に近づけるのではないかと思います。

「女神」を自称する女性たち

マナ　長さんにこのお話を聞く前から「女性性の時代」という言葉をいろんなところで聞いたことがあって、私たち女性がもっと輝く時代がくるのかなあって、漠然とは思っていたんです。
日本人はもともと女性中心の社会で平和に暮らしていたことを知ってすごく嬉しい

し、そんな社会になるといいなと思うんですが、じゃあ、そのために私自身はこれからどうしたらいいのかなと思うと、ちょっと迷路に入り込んでしまったような気分になります。

長　多くの女性がマナさんと同じような思いだと思います。

ものすごく極端なことを言いますが、「女性性の時代」ということが言われ始めた頃からでしょうか。「女神」を自称される方が増えていて、少々気になっています。「私は女神なんだから、思うがまま、ワガママでいいんだ」というような考えが流行して、豪華に着飾ったり贅沢をして自慢してみたり、人の悪口を平気で言ったりといった女性が増えているようなのです。

マナ　なんとなく分かります。きっとSNSなどで見かける人たちのことですよね。

長　日本には古くから、人は誰もが神様の一部である「分霊《わけみたま》」という考え方があり、誰もが尊い存在であることは言うまでもないことです。また、すべての女性に女神性は備わっています。そういう意味では、すべての女性は女神であると言えるでしょう。けれど、本来の神の本質を理解せず、「私だけが特別な存在なんだ」というふうに曲解してしまうと大変なことになってしまうのです。

一見夢を叶えている魅力的な人に見えるのですが、その実なんでも思い通りになると勘違いして、思い通りにならないことが起こるとヒステリックになり、すべて周りのせいにしてしまう。これが争いのもとになって、生霊を飛ばし合うといったことが頻発し、彼女たちの周りはいつもドロドロした状態になります。

マナ　怖すぎます。

長　嫌なお気持ちにさせてしまうのを承知で、わざわざこのお話をしたのには理由があります。

まずお伝えしたいのは、こういう人と遭遇したら、決して争わず一目散に逃げてくださいということ。相手はものすごい攻撃型ですから、正面から向かっていっても絶対に勝てません。

大切なのは自分を守ること。逃げるというとなんだか悪いことのようですが、こういった場合はそんなことは一切ありません。

マナ　自分を守るために逃げるんですね。

長　多くの人が勘違いしてしまっているのですが、戦いにおいて大切なのは勝つことではありません。実は、勝ち負けというのはそんなに重要なことでなく、大切なのは目的が達成されることなのです。

これはどのような局面でも言えることなのですが、逃げることは負けることでは決してないということを、しっかり認識してくださいね。

私たちにとって最も大切なのは、いかに生き抜くかということです。死に近づくような、傷つくような危険な道は決して選んではならないのです。

マナ　死に近づくような危険、なのですか?

長　もしも深いつながりになって争いに巻き込まれ、生霊を飛ばされてそれを受け取ってしまうと、心身に強いダメージを受けることになります。この影響は想いが強ければ強いほど強大で、場合によっては生きることの妨げになりかねません。

そんな生霊から自分を守るために、まずできることは危機管理能力を高めることです。しっかり観察して、決して巻き込まれないようにしてください。

「男装の麗人」として振る舞う

長　ただ、そんなモンスターのような女性たちが増えてしまっているのは、致し方ないことでもあるのです。

　いまの社会はまだまだ男性が優位ですから、そんな中で女性が活躍していくのは本当に大変です。男女が同等に扱われることがないので、自分の強さを示して認めさせるしかない、攻撃して勝つしかないわけです。

マナ　だから、まずは攻撃型から始まるということなんですね。

長　社会が本当の意味で平等で、それぞれの良いところを出し合える状態であれば、戦う必要などありません。

　女性は守られる者、能力が低く弱い者だというふうに捉えられているから、社会に出て活躍したいと思っても、どうしても見下された状態からのスタートになってしまうのです。

　努力しても正当な評価が得られないから、はっきりと勝って見せるような攻撃力を発揮しないと、一人の人間として認められないということになるわけです。

マナ　でもその方向性だと、争いはなくならないし、その人も含めて誰も幸せになんてなれないですよね。

長　そのとおりです。異常事態とも言えるこういった状況が本格的に始まったのは明治維新以降で、それは今もずっと続いています。

男性性と女性性の両方の良さを兼ね備えたような人でなければ、いまの社会の中で活躍することは難しいでしょう。もちろん、すばらしい才能や実力があり、これを見事にこなしている女性もいますが、誰にでもできることではありません。

マナ　じゃあ、私たちみたいなごく普通の女性はどうしたらいいんでしょう?

長　先ほど、古来日本では、頂点は女性で男性は実働部隊だったとお話ししましたね。この様子を、女性は騎手で、男性は馬だというふうに捉えていただきたいのです。

マナ　つまり、女性が手綱を持って男性を走らせるということですか？　そんなことを言ったら、男性に怒られちゃいそうですけれど。

長　でも、これが本来の姿なのですよ。もともと男性は女性を守るようにできていますから、守ってもらっているという体《てい》で乗せてもらえばいいのです。

問題は手綱さばきで、わがままに振る舞って男性を苦しめたり、偉そうに指図をするようなことでは、馬もそのように振る舞うか、騎手を振り落としてしまうでしょう。

ところが、縄文の頃のような争いのない愛のある世界を思い描きながら、手綱さばきをしていくと、それが伝わって馬も自然にそのように動き出します。

それどころか、そのうち騎手を乗せていることを忘れて、まるで自分の心からの想いであるかのように、楽しく走り出してしまうという、男性というのは、まさに馬鹿な生き物なのですよ（笑）。

マナ　それって、笑っていいのかな（笑）。

長　本当のところは、そうやって騙されて走っている馬を主役にしておいて、隠れた実力者になるのがいちばん良いのです。

ただ、すぐにそれをやろうとしても、男女平等という名のもとに、男女の役割分担を無視した今の社会では難しく、実力を発揮していくのは難しいところがあります。

マナ　たしかに、仕事をしていく時には、男性も女性も同じように扱われるということになっていますものね。

長　「男装の麗人」という言葉を聞いたことはありますか？

マナ　「ベルサイユのばら」のオスカルのような感じでしょうか？

長　マナさん、お若いのによくご存じですね（笑）。まさにオスカルのような雰囲気というか、そのような気概をもって仕事をしていただきたいのです。そして戦うのですが、本当には戦わずに、戦えるだけの実力があるということを示していくのです。

マナ　戦わずに実力を示す？

長　武闘会というのがありますよね。たとえば昔、お殿様の前で行われていた御前試合のような感じです。そこにもし、非力そうな女性が出てきて「私は強いんです」と言っても、誰も信じてくれないでしょう。そこで試合をして「私にはこれだけの力がありますよ」と示すわけです。そうすれば、周りが認める、一目置かれるようになりますよね。

マナ　それって、本当には傷つかないようにするということで合っていますか？

長　おっしゃるとおりです。

女性が男性社会の中で活躍していくというのは、御前試合をやっていくようなものの。あくまでも狙いは「私は強い」ということを見せることであって、男性たちのように本気で戦って、勝つ必要もなければ傷つく必要もまったくないということです。

男性たちの勝とうとするエネルギーに飲み込まれることなく、競争に神経をすり減らしたりすることもなく、ゲームを楽しむように仕事をしてみてください。

そして、ある程度の評価を得たところで、すっと馬にまたがればよいのです。

マナ　またがっちゃうんだ（笑）。

すばらしい能力を自覚すること

長　マナさんはもしかすると、ご自身の才能や能力について、あまり自信がないのではないですか？

マナ　そりゃあ、私なんて大した才能も能力もありませんから……。

長　やはりそうですか。素敵な女性が自信を持てないというのは、実にもったいないことです。

聞いていただきたいのですが、日本にはもともと「専業主婦」という言葉はなかったのですよ。これは戦後ＧＨＱ（連合国最高司令官総司令部）が持ち込んだ言葉なのです。この言葉の出現によって、働くのは男性の役目という風潮が生まれ、女性は女性らしく……、この言葉自体がおかしいのですが、家事や育児に専念するということになったわけです。

この流れによって、女性が能力を示すことは女性らしくないということになってしまいました。男女平等などと言われる現在も、その風潮は健在です。

マナ　なんとなく女性の働き方って宙ぶらりんだなと思っていたんですが、「専業主婦」みたいな言葉が、その原因の一つかもしれないですね。

長　第一次世界大戦が終わった1920年代あたりから、社会構造が大きく変わって近代的な雇用形態が生まれてきました。

そこで女性が会社勤めをするというようなことも増えてきて、新たな働き方の形態として「職業婦人」と呼ばれるようになりました。実は女性が働くことはまったく否定されていなかったのです。というよりも、そもそも人類の歴史の中で、女性が働いていない時代などなかったのですよ。

マナ　えっ！　そうなんですか？

長　たとえば農村などでは、女性だって昔から立派な働き手だと見なされていましたし、江戸時代の大店《おおだな》などでは、店主のことを旦那様なんて言って持ち上げていますが、実質切り盛りしていたのは女将さんたちでした。子育てや家事全般はお手伝いさんに任せて、第一線で働いていたのです。

家族のことをないがしろにしていたということでは決してないけれども、彼女たちはきちんと仕事に精を出していました。

つまり、それまでの時代においても、女性はずっと社会の中で働いてきたのだから「職業婦人」という言葉が出てきた時に「女性が社会進出を果たした」という理解もまたおかしいわけです。

マナ　そうなんだ……。

長　特に「専業主婦」という言葉が使われるようになってから、女性は働く能力が低く、男性のサポートや雑用を担当する存在といったイメージができてしまい、今ではすっかり勘違いされてしまっていますが、実は女性は高い能力を持っています。
　そもそも、ここが一番誤解されているかもしれないのですが、「専業主婦」はれっきとした職業です。その証拠に様々な分野の非常に高い能力が求められますし、向き不向きもあります。

マナ　それはすごく分かります。

長　とにかく、女性は頭脳の明晰さ、高い判断力、優れた経済感覚、マルチタスク能力、共感力等々、すばらしい力を持っているということを自覚すべきなのです。
　それを自分自身に自覚させ、外側にも示すことが「男装の麗人」として活躍することの目的です。

マナ　ちょっぴりですが、心の持ち方が分かってきた気がします。

長　ただ、女性が力を発揮して、「彼女に任せれば大丈夫」というふうになっても、それにリンクして報酬や役職がきちんと上がっていくという組織は、本当に少ないというのが現状です。

それは社会の大きな問題であり課題なのですが、今すぐにそれを変えることは難しいでしょう。腐っていても仕方ありませんから、縛られることなく自由に、様々な可能性を探りながら進んでいくことが大切だと思います。

女性性の時代の新しいリーダー像

長　働いていく、自分に与えられた役割を果たしていく中で、人としてしっかりと認められる、個として活躍できるようになると、今度は中庸というものを求められていく段階に入ってきます。

マナ　中庸、ですか？

長　他の人たちとともに、チームで調和して仕事をしていくというフェーズですね。男性女性というよりも、人としての成長ということにつながるものです。

マナ　チームでのお仕事は難しいですよね。

長　まず、チームの中で自分の役割は何なのか。

そして、自分がどう動けば、それぞれがしっかりと実力を発揮できるのか。チームのバランスがしっかり取れることが、社会に役立つすばらしい仕事につながります。

たとえば４人のチームであれば、一人はリーダーシップが取れて全体をまとめられる、一人はデザインがうまくて商品を作れる、もう一人は対外的な交渉に長けている、最後の一人は数字に強くて経理関係を受け持てるといった具合です。

一人ひとりの得意分野を出し合うことで、一つの事業ができますね。

マナ　そんなにうまくバランスが取れるでしょうか？

長　もちろん、能力の差や偏りは出てくるでしょう。たとえそうであったとしても、全員がそれぞれの力を認め合えて、全員がお互いを必要だと感じられる。それぞれが自分の役割を認識して、納得して力を発揮できるということが重要です。

そして、それぞれが楽しく生き生きと力を出し合えるように、お互いに認め合い、守り包み込んでいく、こういう場を創っていくことが調和する力、女性性の時代にふさわしい新しいリーダー像なのです。

マナ　女性性の時代にふさわしい新しいリーダー像、素敵ですね。

長　実力のある強いリーダーが引っぱっていくというのは、男性性優位の社会のリーダー像です。そういった社会のままでは、どうしても持つ者と持たざる者があらわれて、争いが起こってしまいます。

どんなに優れていようとも、人間一人の力などたかがしれています。でも、自分勝手に好きなようにやっているのでは、誰も動いてはくれません。

どの役割であったとしても、その役割を果たしながら他の人も気持ちよく動けるような調和した場を創っていくことが大切になるのです。

マナ　特定のリーダーがいるんじゃないんだ。

長　そうですね。リーダーがいたとしても、それはまとめるのが得意だということであって特別な存在ではないということです。

そういった言い方はしてきませんでしたが、実はこの調和させていくというフェーズはスピリチュアルな視点で見た時には、防御力を伸ばしていくということになっていきます。また、先ほどの「男装の麗人」として活躍することは、攻撃力を伸ばすこと、つまりいずれもスピリチュアルな力を使っていることになるのですね。

実は日常のどんな場面でもその力は培われ、研ぎ澄まされていくものなのです。

マナ　そうやって生活や仕事に真摯に取り組むことで、人の想いやエネルギーを感じ取る能力が培われていくこと、すごくイメージできてきました。なんだか、今までとは見える景色が変わってきた気がします！

長　それは何よりです。

日本はもともと神とつながる女性、「女神の国」です。

争いのなかった縄文時代のような社会を実現していくための一歩を、一人ずつが勇気をもって踏み出していく時が、今まさにきているのです。

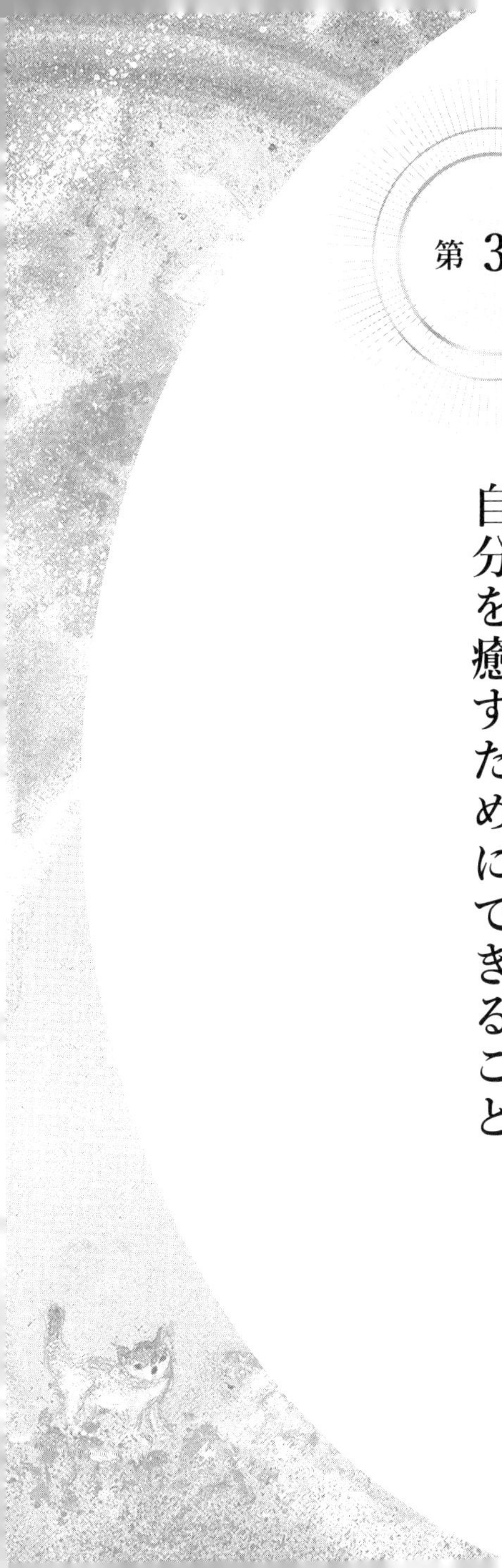

第3章

自分を癒すためにできること

自分を癒し、浄化するには

マナ　「男装の麗人」を目指して生活していく中で、疲れたりしてしまうことってどうしても出てくると思います。そんな時に自分を癒したり、浄化していくための、お勧めの方法はありますか？

長　そうですね。瞑想がいいのではないでしょうか。

マナ　瞑想って、ちょっとしたブームになっていますよね。ネットで調べたりすると、いろんな瞑想があるみたいですが、どういうものがいいですか？

長　自分に合うやり方でいいのですが、私がいいと思うのは誘導瞑想ですね。
今は様々な媒体がありますから、自分の想いに合わせて、ピンとくるキーワードのものを選んでトライすればいいと思います。
瞑想する時というのは、頭で考えてしまってはいけません。頭で考えてしまった時点で、瞑想になっていないのです。
その点、あれこれ手順を考える必要なく、心地よい音楽を聴きながら「深呼吸をしましょう」というような誘導の声に従っていくというのであれば、何も考えない状態になりやすいですからね。

マナ　じゃあ、たとえば座り方だとか、いろいろと考えるよりも、心地よい姿勢でリラックスして誘導に従っていくというので良いのですね。

長　背筋を伸ばして真っ直ぐ座らなければならないやり方もあって、もちろんそれはそれでいいと思います。ただ、私はそんな必要は特に感じませんし、なんなら寝そべっていてもまったくかまわないと思いますよ。
自分の心身や魂を整えたり、浄化するための瞑想であれば、自分の考えを放棄し身を委ねるということがとても大切です。そのためには、特に初心者の方には誘導瞑想で導いてもらうのが最も効果的だと思います。

マナ　自分の今の状況にフィットするようなものを選んでいくといいんですね。

長　なんとなく惹かれるというような感覚で十分ですから、自分の感覚を大切にして、自信を持ってそれに従うことが大切です。有名な人や偉い先生が勧めていても、感覚的に違うと思えば違うでいいのです。

同じ問題を持っていたとしても、心地よさを感じるところは人によって違うものです。押し付けるものでも、押し付けられるものでもありませんよね。

マナ　それって、何に対しても同じですよね。

長　はい、そのとおりです。

もうひとつあるとすれば、もうすこし人に頼る、助けを求めるということをされてもいいかもしれません。

今は生きづらいと感じることも多々あると思いますが、思い詰めてしまわずに誰かに相談してみていただきたいと思います。相談に行く相手も、もちろん私のような専門家も良いのですが、ご縁を感じる人が一番いいと思います。

これが正しいとか、こうしなくてはならないとか、断定的に考えることはとても苦しいことです。時によっては、すこし力を抜いて「まあいっか」と気持ちを緩めてあげることが、瞑想以上に効果的な癒しになるかもしれません。

瞑想はプラス、坐禅はマイナス

長　瞑想といえば、マナさんは瞑想と坐禅の違いはお分かりになりますか？

マナ　違うんですか？　両方姿勢よく座って、呼吸を大切にしてというイメージですが違いはよく分からないです。

長　瞑想はプラスへと向かっていくもの、足し算をするものです。

分かりやすいのが先ほどお話しした誘導瞑想で、誘導に従って、自分の内側へ内側へと入っていく、または宇宙まで飛んで行って、本来の自分、新たな自分といったものを探しましょうというイメージですね。

そして、そこに必要な癒しやエネルギーを注いでいくという、ポジティブな行為が瞑想です。

マナ　なんだか抽象的でよく分からないんだけど、ということは坐禅はマイナスへと向かっていくのかな。

長　そうですね。坐禅というのは、マイナスに向かっていく、引き算をするものです。様々なやり方があり、どれが正しいということは言えないのですが、いちばん典型的なのは曹洞宗《そうとう》の坐禅ですね。真っ白な漆喰の壁があって、その壁に向かって1mほど離れたところに座り、目をすこし開いた状態（半眼《はんがん》）で、何も考えずひたすらボーッとし続けるのです。

マナ　何も考えずにボーッとし続けると何が起こるんですか？

長　「パンドラの箱」が開くのですよ。

マナ　ぜんっぜん分かりません！

長　分かりませんよね（笑）。そもそも「何も考えるな」というのですが、これが非常に難しい。やってみると分かりますが、座ったとたんに目まぐるしく様々な考えが浮かんできます。

マナ　雑念っていうやつですね。

長　そのとおりです。

ただ、この雑念が湧いてくるというプロセスが、実はとても大切なのです。

人の意識には、自分で認識できる顕在意識と、認識できない潜在意識があり、その比率は1対9だとよく言われます。そして、私たちはこの1割の顕在意識で生活しているというのですが、果たしてそうでしょうか。

たとえばマナさん、昨日の晩御飯は何を召し上がられましたか？

マナ　カレーを食べました。

長　それはいいですね。そうしてすぐに思い出せるということは、昨日の晩御飯がカレーだったことは、顕在意識にあるということです。
でも、カレーを召し上がってから今まで、そのことをずっと意識して考え続けているかというと、そんなことはありませんよね。顕在意識と言っても、ただ記憶しているというだけであって、使っているというのとは違うわけです。

マナ　たしかに、質問されるまで、カレーのことなんて考えもしなかったです。

長　つまり、必要に応じて思い出せる状態で記憶しているものと、実際に活用しているものは違うのです。そう考えると、顕在意識の中で実際に活用しているものは案外少ないということになります。

坐禅をしていてまず出てくる雑念というのは、記憶はされているけれど活用されていない顕在意識なのです。

普段はすっかり忘れてしまっているけれど、実は自分の考えの中にあること。たとえば、「離れて暮らしている両親は元気かな？」とか「そういえばあの仕事をやり残していたな」とか、そういったことが思い出されるのはすごく良いことなのですね。

マナ　それだけでも、意味がありますよね。

そうか、引き算というのは、そうやって自分の意識を自分から出していくということですね。そして、顕在意識の後はきっと……。

長　そのとおりです。

顕在意識をすべて出し切ってしまうと、次に出てくるのが潜在意識です。潜在意識というのは、自分で認識していないものだから、自分では考えつきもしないようなことが出てきます。雑念がふっと途切れた時に浮かんでくるのですが、とても重要なメッセージですから、どうぞ大切に受け取っていただきたいと思います。

マナ　メッセージ受け取りたいなあ。坐禅、やってみたくなってきました。

長　ただし、この時に気を付けなければならないのが、たとえ自分では考えつかないことであっても、それはあくまでも自分の潜在意識から出てきたものであり、たとえば神様からのメッセージであるということではありません。

ここを勘違いしてしまう人がかなりいるので、そこは要注意です。

「パンドラの箱」と聖者の瞑想

長　根気よく座り続けて潜在意識も出尽くしたところで、その後に残るものが先ほど申し上げた「パンドラの箱」です。

「パンドラの箱」に入っているものはなんだと思いますか?

マナ　ちょっと思い出したのですが、「パンドラの箱」ってたしか、ギリシャ神話に出てくるものですよね。災いがいっぱい入っているっていう……。

長　よく思い出されましたね。

ギリシャ神話の最高神ゼウスがパンドラという女性に渡し、彼女が興味本位で開いてみるとそこにはあらゆる災いが入っていて、地上にたちまち不幸が広がってしまいました。でも、その箱の底には「希望」が残ったと言われます。

座り続けることで、自分の意識をすべて排除することができると、その「希望」の光を見出すことができるのです。「悟り」というふうに言ってもいいでしょうね。

マナ　なんだか、すごい話になっちゃった。

それって誰でもが見出せるものなんですか？

長　見出せますよ。ただし、この領域に行きつくのは、相当に困難です。

たとえば、食事とトイレと寝る時以外はずっと壁に向かって座り続けるというのを

1カ月続けたとしても、この希望の光を見出せる時間はせいぜい1～2時間程度と言われます。しかも、誰でもが必ず見出せるというものではなく、いくら取り組んでも難しいという人も多いでしょう。

マナ　それはもう、ムリってことですよね。

長　いえ、無理ではないのですよ。ただ、その体験が必要なのかどうかというだけのことです。

人間というのは、壁に向かってひたすら座りさえすれば、意識のすべてが吐き出せるほど、単純なものではありません。

さらに、一度全部吐き出せて、希望の光が見えたとしても、その次も同じことができるかというと、それがまた難しいのです。一度その体験をしたら、意識そのものが変わってしまい、二度と同じようにはできないからです。

マナ　なんだか途方もなくハードルが高いですね。

長　今はスピリチュアルなことに関心のある方が増えて、それ自体は良いことなのですが、一足飛びに高度な域に到達しようとする方が多いのが少々気になるのですよ。たとえば、先ほど申し上げた足し算の瞑想というのは、ヒマラヤ聖者が大自然の中で行うような高度な瞑想とはまったく違います。

高度な瞑想は、「人はなぜ生まれてきたのか」「この世界とは何なのか」といった本質的な真理に向かっていくために行われるものです。個人的な悩みなどに煩わされることなどない、非常に成熟した人たちのものなのです。

マナ　「パンドラの箱」の希望の光を見出す坐禅と同じ感じということでしょうか？

長　そうですね。

どちらもそう簡単に到達できる境地ではありませんし、到達しようと思うなら、しっかりとした指導者の下でじっくりと学び、実践していく必要があります。

また、最終的にはそこを目指すにしても、私たちがまず取り組まなければならないのは、自分自身を見つめて、向き合って、自分の人生をしっかりと生きていきましょうというところです。

自分にとってどんな坐禅や瞑想が必要なのかということは、ご自身の胸に手を当ててみれば、すぐに分かることだと思いますよ。

記憶が潜在意識に沈む理由

長　話がすっかり難解になってしまいましたね。理屈っぽいのは私の悪いところで、まったく申し訳ないことです。

マナ　「パンドラの箱」のお話あたりからすごく難しくなりましたが、なんだか壮大な世界を垣間見たようで、とても楽しかったです。

長　そう言っていただけると安堵します。

お言葉に甘えて話を続けますと、坐禅をしている際、顕在意識を出し切った後に潜在意識が出てくるということを申し上げましたね。

潜在意識には、過去のことがすべてたたみ込まれています。両親とのかかわりや友達との間で起こったこと、先生に言われて傷ついたこと、内緒にしている小さな悪さ等々、生まれてからのすべてのこと。そればかりか、家系のこと、先祖のこと、さらには過去生のことまでもが、潜在意識には入っているのです。

マナ　膨大ですね。

長　とてつもなく膨大です。

そんな中で、たとえば好き嫌いというものは、誰にでもありますね。

運動神経が良くて走るのが速い、１００m走では常に一等で運動会が大好きという子が、ある時何かのはずみで転んでしまって、ビリになったとしましょう。

そうすると、恥ずかしいとか情けないとか、様々な感情が湧いてきて「もうそんなことは思い出したくない！」ということになり、過去の記憶、顕在意識から消してしまおうとするのです。

マナ　そういう心境、分かる気がします……。

長　こういうことは、多かれ少なかれ誰にでもありますよね。

でも、問題はその忘れ方です。転んでビリになった記憶だけを消すのではなく、それを思い出させる記憶をすべて消すのです。

ビリになってしまったイヤな記憶だけを消そうとしても、走るのが速くて運動会が好きだという記憶があると、そのつながりからどうしても思い出してしまいます。

そこで、ビリになった恥ずかしかった嫌だったという記憶を消すために、運動神経が良くて運動会で常に一等だったという記憶もろとも、まとめて全部潜在意識として沈めてしまうのです。

良かったことも悪かったことも、関係することを丸ごと忘れるようにして、しっかりとフタをしてしまう。人生の中で、ごっそりと記憶が抜けているような時期があるなら、そういったことがあったのかもしれません。

マナ　なんだか、悲しくなってしまいますね。

長　フタをしていたことが潜在意識から引っ張り出されてくる。しまいこんでいたアルバムが見つかり、それを開いてみる……。

こういうことができる可能性があるのが坐禅です。自分の内面、魂を見てみましょうということですね。

マナ　内側へ内側へというのは、そういう意味だったんですね。

長　瞑想にはプラスの要素、目的があるので、そういうことは起こりません。ところが、それを混同してしまって、坐禅と瞑想を同時にやってしまっているということが多々あるのですね。
坐禅をしているのに、その状態で瞑想を試みると、プラスとマイナスで真逆になってしまい、混乱してしまいます。そのあたりを意識するだけで、ずいぶん変わってくると思います。

マナ　じゃあ、そうやって思い出した時に、辛いなと思ったりした時には、ひょっとして瞑想すればいいっていうことになるのかな？

長　そうですね。
坐禅では、潜在意識をどんどん吐き出していくだけですからね。それをそのまま手放していけばよいのですが、その記憶とともに悲しみや苦しみといった当時の感情が出てきて手放せないという場合は、瞑想などによってそれらを癒したり、浄化したりするのがよいでしょうね。

「カルマ」とはなにか？

マナ　さっき、潜在意識のお話があった時、「過去生」って言われましたよね？

長　はい、潜在意識にたたみ込まれているのは、過去生も含む魂の記憶すべてだと申し上げました。

マナ　過去生には「カルマ」があって、それを解消しないと幸せになれないって聞いたことがあるんだけど……。

長　なんともふんわりしたご質問ですね（笑）。
時にマナさんは「カルマ」とはなにか、ご存じですか？

マナ　ごめんなさい。きちんとは分かりません。

長　いえいえ、ほとんどの方がきちんとはお分かりになっていないと思いますよ。
「カルマ」というのは古代インドのサンスクリット語で「行為」という意味です。仏教用語では「業《ごう》」というふうにも言われます。
「業が深い」などという言い回しから、悪いものだと思われがちですが、カルマ自体には良いも悪いもなく、人生はカルマの蓄積であるというふうに捉えられます。

マナ　生きているということは、何らかの行為の連続ですものね。

長　そうですね。
人の行為、すなわちカルマというものは良きにつけ悪しきにつけ、必ず何らかの結果を招き、それが次なる行為へと影響していきます。
つまり、良いカルマ、善業とも言うのですが、これを積めば良き種、つまり原因となって良い結果がもたらされ、悪いカルマ、悪業を積めば悪しき種となって悪い結果となるということですね。

マナ　因果応報ですね。
そうだ！　たしかその蓄積したカルマは生まれ変わっても持ち越されていくから、悪いカルマはちゃんと解消しないといけないということだったように思います。

長　マナさんのおっしゃるとおり、人は生まれながらにカルマを背負っており、それを解消しなくてはならないということがよく言われます。

でも、生まれたばかりの赤ちゃんを想像してみてください。珠《たま》のように輝いてまさに純真無垢、なんだか神々しいほどではありませんか？

「なんだかこの赤ちゃん、腹黒い感じがする。極悪人に違いない！」などという赤ちゃんがいるでしょうか？

マナ　やわらかくて可愛くてピカピカで、見ているだけで笑顔になっちゃいます。

長　そうでしょう？

人は生まれた段階では、まだカルマなど背負ってはいないのです。

人がカルマを背負う時

マナ　じゃあ、人は一体いつカルマを背負うんですか？

長　カルマについては様々な捉え方があります。
ですから、これはあくまでも私の捉え方だと思って聞いていただきたいのですが、実はカルマにはいくつかの種類があります。
人が生まれてきて最初に背負うのは、血縁や肉体に関わる「先祖のカルマ」というもので、意識が繋がった時、つまり水子ではなくなった時に背負うことになります。

マナ　水子って、生まれることができずに、流れてしまう赤ちゃんのことですよね？

長　そのように言われることが一般的ですが、本当の水子というのは仏教用語で、生まれて間もない子供のことを言うのですよ。

赤ちゃんというのは生まれた瞬間は純真無垢ですが、生まれてからは「お腹が空いた」「おむつが気持ち悪い」「つまらないから遊んで」といった具合に、何もかもを人のお世話になって生きていくことになりますね。

マナ　でも、可愛いからそれだけで癒されちゃいます。

長　大人の側は、そんなふうに思ってかいがいしく世話をするわけですが、赤ちゃんを一人の人間として見れば、ただのわがまま三昧です。

つまり、赤ちゃんというのは、徳を一個も持っていない業の塊なのですよ。

マナ　言われてみれば、そうかもしれない……のかな。

ところで、ちょっとこんがらがってしまったんですが、いま長さんがおっしゃった「徳」というのは良いカルマとか善業、「業」というのは悪いカルマとか悪業ということでよいですか？

長　そのように理解していただいて問題ありません。

人は一生を終えると三途の川を渡ることになるのですが、どの位置を渡るかというのは、生前どのくらいの徳を積んだかで決まることになっています。

徳が高ければ川上を渡り、徳が低ければ下流を渡ります。幼いうちに亡くなった子供は、人の世話になるばかりで徳を積むようなことをまだ何もしていないので、下流にある賽《さい》の河原というところに行き、石を積んで仏塔をつくることになります。

また、川を渡る時にどのくらいまで沈むかというのは、業の深さで決まります。

普通の人はだいたい足首から膝ぐらいの深さで済むのですが、業が深くなってくると顔まで沈みかけてしまって、溺れるような思いをしてなんとか渡るということになるのです。

マナ　じゃあ、業の塊の赤ちゃんは？

長　もう水に流されてしまうしかありません。
　でも、業の塊になってしまったのは、その子が悪いのではなく生きる時間が短かったからです。そこで、それは「哀れよのう」ということで、石で仏塔をつくっている子や水に流されそうになっている子を助け、川を渡らせてくれるのがお地蔵様です。
　赤ちゃんや幼い子供が亡くなるとお地蔵様にお参りするのは、「どうか三途の川を渡らせてやってください」という願いからなのですね。

マナ　助けてもらえるんだ、良かったあ。

長　「水子」というのは「三つ子」、つまり3歳くらいまでの子供のことを言います。
　そのくらいまでの子供たちは、ただでさえ業の塊。生まれる以前のカルマなんて背負ってしまっては、生きていくことができません。

マナ　なんだか納得です。

長　また、別の言い方をすると、生まれてから2歳くらいまでは爬虫類脳、つまり生存本能中心で動いています。それが3歳くらいになって三つ子を卒業する頃になると、哺乳類脳が働き始めます。家族や仲間とともに生きていくといった意識を持つことができるようになるのです。

この哺乳類脳が働き始めた時に、はじめてカルマというものがやってきます。

最初にやってくるのは、肉体のカルマ、言い換えると先祖のカルマですね。そして、成長するにしたがって出てくるのが、自分の過去生から引き継いできているカルマということになります。

カルマを意識する必要はない

長　先祖からのカルマが出てくるのは３歳頃で、その後、自分自身の過去生のカルマが出てくるのは、だいたい８～10歳くらいになります。

カルマと正面からぶつかれるようになるのがそのくらいの年齢だからです。

ただ、カルマというものは、強いて思い出す必要はない、そんなことを考えてもロクなことにならないと私は考えています。

マナ　どうしてですか？

長　生きていると、様々な問題が発生しますよね。

たとえば、最近では少ないかもしれませんが、親が決めた人と嫌々結婚しなければならないといったことが起こってきたとしましょう。

ある人は、幼い頃から結婚相手は親が決めるという教育を受けてきていて、当たり前にそのことを受け入れられました。

ところが別の人は、自分の意思をないがしろにされることが許せず、辛く苦しい思いをしました。その人には、そこで心の傷、すなわちトラウマが生まれるわけです。

マナ　同じようなことが起こっても、トラウマになる人とならない人がいるということですよね。たしかにそうだなと思います。

長　実は、問題が起こったときに、反応が起こりトラウマが生じるかどうかは、それに関するカルマがあるかどうかによります。自分では意識できない、潜在意識の奥深くに沈んでいるカルマが反応するのです。

私たちが見なければならないのは、カルマではなくて今抱えているトラウマです。トラウマを癒して解消していく、乗り超えていくことで、それを引き起こしていたカルマも解消されていく。そういう仕組みになっているのですね。

マナ　人生でトラウマになるような問題が起こるのは、カルマのせいなんだ……。

長　カルマのせい、というのは少し違いますね。

人生で起こる様々な問題、試練というのは、トラウマを、そしてその奥にあるカルマを解消するために、自ら引き寄せているのです。

マナ　えっ！　自分で？

長　そうです。そしてもっと言うと、たとえ「どうしてこんなに辛いことが起こるの？」とどんなに嘆いたとしても、「もう無理だ」と絶望に襲われたとしても、絶対に乗り超えられます。

乗り超えられない試練などあるはずがありません。自分にとっていちばん大切な自分に、乗り超えられない試練を与えるはずがないと思いませんか？

マナ　たしかに……そうですね。

長　だから、自分が生まれる前のカルマのことなど意識する必要も心配する必要もありません。そんなことを気にする暇があるなら、いま目の前にある問題の解決に全力を尽くすことです。

向き合うべきは、いまの自分の世界です。

インナーチャイルドをつくる理由

マナ　ちょっと気になったんですが、カルマと正面からぶつかれるようになるのは、8～10歳くらいなんですよね。

それはきっと、できてしまったトラウマを解消したり乗り超えたりできるようになるということだと思うんだけど、だとすると、そのくらいまでの子供たちは大丈夫なんでしょうか？

長　マナさんのおっしゃるとおりです。10歳くらいまでの子供は、自分で自分を守ることができません。辛い環境であっても、その悩みや苦しみを受け止めて乗り超えて生きていくことが難しいのです。

このため、子供たちは自分を助けるために、自分の辛さや苦しい想いを預ける、自分自身の分身のような存在を心の中に作り出します。その存在のことをインナーチャイルドと呼びます。

マナ　インナーチャイルドってそういう存在のことだったんだ！

長　すこし話が飛びますが、地球上に生物が誕生したのはおよそ38億年ぐらい前なのですが、当初は女性しか存在しませんでした。つまり、自己増殖でどんどん増えていったのですね。

マナ　つまり、男女の区別がなかったということですね。

長　いや、生み出す能力があるという意味では、女性しか存在しなかったというほうが表現としては正しいでしょう。

　そしてこれと同じことが、人間が受精卵から成長していく過程でも再現されるのですよ。

マナ　赤ちゃんは、地球の生物の進化の歴史をものすごいスピードでたどって人間になって生まれてくるって聞いたことがあります。

長　そうなのです。この事実ひとつをとっても、私たちはすべてのことを記憶しているということが感じられますね。

　さて、お腹に赤ちゃんが宿ってから約3カ月後、この段階では全員が女の子で、男の子は存在しません。そこにY染色体が作用して男の子になるのですが、これはどういうことかというと、女の子がカスタマイズされるということなのです。

マナ　たしか、女の子はX染色体が２本で、男の子はX染色体とY染色体が１本ずつなんですよね。

でも、考えてみたら増殖できるなら女性だけでも問題ない気がするんだけど、どうしてそんなカスタマイズが必要なんだろう？

長　本来なら全員女性でよいのですが、地球というのは自然災害や異常気象といった様々な困難といつも隣り合わせなのですね。そして、そういった困難が訪れたとき、すべての人間が同じような性質だと一気に滅亡してしまう恐れが出てくるのです。

そこで、地球でしっかりと生き残っていくための戦略として、多様性を持たせるということで遺伝子をカスタマイズし、男性が誕生したということです。つまり、女性はオリジナル品、男性はカスタマイズ品なのです。

マナ　そういうことだったんですね。

長　女性がいないと子孫が残せないので、男性は女性と子供を愛し守るようにカスタマイズされています。

それから、カスタマイズ品というのは、往々にしてオリジナル品よりも弱いものです。生まれてきた子供たち、男の子と女の子を比べると、女の子の方が丈夫だと思いませんか？

マナ　そう言われてみると、小さい頃は男の子のほうが病気にかかりやすいとか話せるようになる時期が遅いとか、そんな話を聞いたことがあります。

長　そういったことが起こるのは、女の子はオリジナルだからです。

10歳くらいになって大人の脳が働き始めると、ホルモンの影響で女の子は女性らしく、男の子は男性らしく変化し始めます。
それに伴って、女性の方が丈夫であったり、優れているというような優位性はなくなっていきます。

マナ　10歳ということは、もしかしてインナーチャイルドと関係があるんですか？

長　マナさんは勘が鋭いですね（笑）。
10歳あたりまでは男の子のほうが何かと弱い。このため、男の子のほうがインナーチャイルドの数が多い傾向にあるのです。

マナ　多いということは、インナーチャイルドってたくさんいるの？

長　はい、複数います。
最低でも３体くらい、多い人では10体を超えるかもしれません。

マナ　なんだか驚きました。

長　子供の悩みというのは、「給食が食べられない」とか「プールが怖い」とか、大人からするとそんなに大したことではないと感じるようなことが多いものです。
でも、小さな社会の中で生きている子供たちにとっては、生きるか死ぬかの悩みであることもあります。悩みをそのまま抱えていたら、生きていけなくなってしまう。
だから、インナーチャイルドをつくるのですね。

マナ　どうやってつくるんですか？

長　インナーチャイルドというのは、見た目も性格もまったく同じコピーロボットのようなものです。
子供たちはどうしようもない問題が出てくるたびに、イメージの世界でインナーチャイルドをつくって「これ持っててね」と悩みや苦しみを渡し、身代わりになってもらうのです。そして身軽になって、また未来に向かって歩いていきます。

幼い子供たちが自殺をすることがほとんどないのは、実はインナーチャイルドをつくることができるからなのですよ。

マナ　私たちはインナーチャイルドをつくることってできないんですか？

長　私たちはもう「チャイルド」ではありませんからね。

10歳を過ぎたあたりからは、子供たちは心身ともに成長し、自立し始めて、まったく別の生き物になると言っていいほど変化します。そして、それとともにインナーチャイルドを作ることができなくなります。

問題にぶつかったら、それに向き合って自分で解決し、成長していくという段階に入っていくのですね。

生霊を飛ばすのは、自分を守るため

長　余談になりますが、強い生霊を飛ばすようになるのも、実は10歳以降なのですよ。

マナ　インナーチャイルドをつくれなくなってからということですか？

長　そのとおりです。悩みや苦しみを預けるところを自分の内側につくれないから、外側につくって飛ばす、それが生霊の正体です。
　インナーチャイルドが自分のコピー、分身であるように、生霊は自分を守るための自分の身代わりなのです。

マナ　さっき、小さな念もある意味では生霊だと教えてもらいましたよね。

長　はい。要するに、生霊というのはその人の生命エネルギーのことです。ちょっとした念から、ホラー映画さながら、自分が殺しに行けないから代わりに殺してくれという感じで飛ばすものまで様々です。
中には、紙でつくる人形《ひとがた》といったものに、自分に不必要なものを預けて、身代わりになってもらうという、意識的な使い方もあります。

マナ　「人形流し」ですよね。聞いたことがあります！

長　よくご存じですね。
このように、生霊を飛ばすというのは、別人格の自分をつくり、それを送り出すということなのですが、問題は人形のように意識的に飛ばすものを除いて、いったん飛ばしてしまった生霊は引っ込みがつかないうえに、自分ではもう思い出せないのです。

マナ　ということは、無意識で飛ばしちゃうんだ。

長　飛ばしたほうは覚えていないのですから呑気《のんき》なものですが、あまり良いものでなければ飛ばされた相手は大変です。

ちなみに生霊は、実は恋愛問題で飛ばす人というのが案外多いのですよ。恋焦がれて、とにかく一緒になりたいのに、それが相手に伝わらない、受け入れてもらえないという時に、その募る想いを生霊として飛ばすということがよくあります。

マナ　自分では近づけないから、自分の代わりに生霊を送るんですね。

長　ただ、ほとんどの場合は自分の好意を送るという、ある意味好きになったら当たり前のことで、問題になるようなことではありません。

送られる相手がしっかりと自分を持っていれば、想いを受け入れることも、受け取らないこともできるでしょう。

ただ、これが行き過ぎて憎しみに変化すると厄介です。

恋敵、好きな人の想い人に「あなたのせいであの人が私を見てくれない」「あなたさえいなければあの人は私のことを見てくれる」というような想いを飛ばしてしまったら、それはもう呪いの生霊ですよね。

マナ　まさにドロドロですね。

長　ドロドロと言えば、信じられないような話なのですが、ドロドロしたテレビのドラマに感情移入してしまって、とんでもなく強い念を飛ばす人もいるのですよ。

マナ　ええっ！　でも、それって誰か相手がいるわけではないですよね？

長　ですから、念が浮遊するという感じですね。

ただし、状況を重ね合わせられるような人が心の中にいたりすると大変なことになることもあります。

たとえば、失恋したばかりの人が恋愛ドラマを見て悲しみが増幅してしまって、相手に念が飛んでしまうというようなことも、実際にあるのですよ。

マナ　ということは、酷い犯罪なんかのニュースを見て「なんて酷いヤツだ！　罰するべきだ！」というのも……。

長　同じですね。

マナ　うーん。だけど、悪い念を出してはダメだダメだって、出てくる想いにフタをするのもなんだか不健全な気がします。

長　止めようとすると余計に強く大きくなってしまいますから、気にしないほうがいいですよ。

本当に人を殺そうとするような念を飛ばすのは困りますが、ちょっとイラッとするくらいは普通のことです。時には反省してしまうような想いを持ってしまうこともあるかもしれませんが、自分を癒しながら少しずつ変えていけばいいのです。

インナーチャイルドを癒す方法

マナ　生霊は自分の外側に出しちゃうものだけど、インナーチャイルドは内側につくるものなんですよね？

ということは、インナーチャイルドは一生自分の中にいるということになるんでしょうか。

長　10歳までにつくったインナーチャイルドは、悩みや苦しみ、悲しみを預けられたまま、成長することなくずっと無意識、潜在意識の中に潜み続けることになります。
そして、ある程度成長したところで似たような性質を持つ困難に遭遇したときに、それを乗り超えていくことで自然に癒され解消されて、意識に上ることなくその役割を終えていくのですが、それがなかなか解消されない場合もあります。

マナ　そうなると、インナーチャイルドはそのままずっと、潜在意識の中にいることになるんですか？

長　そういうことになりますね。
大人になって、自分で困難に向き合っていこうとするときに、色々とアプローチしてみてもどうにもうまくいかないことがあるようなら、それはまだ解消していないインナーチャイルドが関係しているかもしれません。
たとえば、幼い頃に友達からほんの小さないじめを受けて、インナーチャイルドが生まれたとしましょう。それが大人になってからも癒されることなく残っていて、仲の良い友達のはずなのに、なぜか信頼しきれない、ふとした時に本当は嫌われているんじゃないかと不安になってしまうといった具合です。

マナ　あれ？　なんだか私のことみたい。
長さんにはなにか……見えるんですか？

長　さて、どうでしょうか。
こういった場合は、インナーチャイルドを癒してあげる必要があります。

マナ　そうか、インナーチャイルドを癒すためにも「瞑想」が良いんですね。

長　そうです。
幼いころの小さなイジワルなんて、実は悪意のないものがほとんどですよね。あったとしても、相手はもういないし、今も続いているわけではありません。大人になった自分なら十分に分かることですが、インナーチャイルドには分からないのです。
おっ、これは……、マナさん、ちょっと目を閉じてみてくださいますか。

マナ　はい。

長　あなたの幼いころの姿、インナーチャイルドをイメージしてください……。
そして、その子に声をかけてあげてください。
「これまで苦しい思いをさせてごめんね。ありがとう。大丈夫だから、もういいんだよ」と伝えて、包み込んであげる、抱きしめてあげるのです。

マナ　どうしよう。涙が出てきちゃった。
長い間、かわいそうなことしちゃったなあ、ごめんね。

長　大丈夫ですよ。

インナーチャイルドは自分の分身のような存在ですから、なぜ悲しみや苦しみを預けるようなことをしてしまったのかと、自分を責めてしまう気持ちが出てきてしまうものですが、その時はそうするしかなかったのですよ。

そのおかげでこうして生きてこられたのです、感謝してあげてくださいね。

マナ　ありがとう、ありがとう……。

長　良かった、インナーチャイルドが癒されていきますね……。

もう目を開けても大丈夫ですよ。

マナ　長さん、誘導瞑想もできるんですか？

長　とんでもない！　まったくできませんよ。

マナさんがご自身でインナーチャイルドを癒したのです。私はほんの少し、そのアシストをしただけです。

マナ　なんだか嬉しい。ありがとうございます！

長　すこし身軽になられたようで何よりです。こういったことを少し知っているだけで、思いのほか人は上手に生きていけるものなのですよ。

第4章

見えないエネルギーを味方につける

自分でできる「祓い」と「清め」

マナ　長さんは、凛と立って幸せに生きていくことを目指すようにとおっしゃいましたよね。それを実現するためにも、小さな想念くらいは自分で「祓い清め」をして、対処できるようになりたいです。

長　すばらしいですね。たしかに、凛と立って幸せに生きていくためには、「祓い清め」はもちろん、見えないエネルギーを使いこなし、味方につけることが肝要です。できるかぎりお答えしますので、「祓い清め」にかぎらず、気になることをなんなりとお聞きください。

マナ　わあ、嬉しいです。なにを質問しようかなあ。
まず、「祓い清め」のおさらいですが、「祓い」は、余分についている外側の汚れを払い落としていくこと、「清め」は、内側にたまったものを洗い出してきれいにしていくことで合っていますよね。

長　ご名答です。実はかつて日本人は、この「祓い」と「清め」を年中行事の中にも取り入れてきました。

マナさんは五節句というものをご存じですか？

マナ　「桃の節句」や「端午の節句」くらいなら分かります。

長　一般的にはその二つくらいの認識だと思いますが、昔はこの五つの節句は非常に大切な節目とされてきました。明治時代に暦が太陰暦（旧暦）から太陽暦（新暦）に切り替わってから、季節がずれてしまうこともあって徐々に使われなくなっていったのですが、「祓い」と「清め」がどういうものかというのが、とてもよく分かるようになっています。

マナ　明治維新以降って、日本で大切にされてきたものが、本当に次々と失われているんですね。

長　数えだしたらキリがないですよ。これだけ大切な指針を失っているのですから、日本人が生きづらくなっているのはある意味当然のことだと思います。大切なことを知ることから、取り戻していきたいですね。

さて、五節句ですが、まず1月7日の「七草の節句」。「人日《じんじつ》の節句」とも言われます。この日は七草がゆ（セリ、ナズナ、ゴギョウ、ハコベラ、ホトケノザ、スズナ、スズシロ）を食べることで体を整えましょうということで「清め」の節句になります。

続く3月3日は「桃（上巳《じょうみ》）の節句」。いまは女の子の健やかな成長を願うひな祭りですが、これは実は「祓い」の節句なのです。無病息災を願って表面についたゴミや垢を、魔よけの効果があるとされる桃の葉できれいに洗い流すのですね。

マナ　まったく知らなかったです。

長　5月5日も男の子の節句ではないのですよ。「端午の節句」は「菖蒲《しょうぶ》の節句」ということで菖蒲のお風呂に入りましょうというのですが、実はもともとは縄文時代から大切にされてきたマコモという植物のお風呂の日なのですね。

マコモには、身体の中にたまった毒素や老廃物などのデトックスをしてくれる働きがあります。

マナ　じゃあ、「菖蒲の節句」は「清め」の節句ですね。

長　そうです。まず、食べ物によって身体を中から「清め」ましょう。続いて、身体についたゴミや垢をきれいに「祓い」ましょう。そして、きれいになった身体の外側からも「清め」ていきましょう。そのような順番で祓い清めを行っていきます。

そして、すっかり清められた7月7日に「七夕の節句」ということで、神様とつながって感謝を捧げ一族の繁栄を願い、最後に長寿を祝う9月9日の重陽の節句という流れになっていきます。

マナ　お風呂に入ることは「清め」になるようですね。

たとえば、お風呂にひとつかみ粗塩を入れるとか、日本酒を入れるといいとよく言われますが、これはどうでしょう。

長　効果的ですよ。ただし、そういった目的の場合は最低でも30分、できれば1時間ほど、しっかり長めに浸かってもらったほうがいいですね。

お塩やお酒を入れたお風呂に浸かるというのは、身体に入ってきた不要な想念、エネルギーを抜くということになります。

全体のある程度、3分の2くらいは浸かった瞬間に浄化されて抜けてしまいます。でも、そこからはゆっくりしか抜けていかないので、完全に抜けきるまでにそのくらいの時間が必要になるのですね。

マナ　日本人のお風呂の文化ってすごいんですね。

長　お風呂に限らず、手や顔を洗うといったことも含め、水による浄化はいわゆる「清め」になります。体の中に浸み込んだ悪いものを浄化するのです。

マナ　じゃあ、「祓い」は？

長　「祓い」というのは、言葉のとおり、パッパッと取り払うということになりますね。悪いものを自分の中に入らせないということです。

マナ　塩を振ると良いと言いますよね。

長　それも効果はありますよ。少し舐めるのも良いです。ちなみに、塩を振るのは「祓い」、舐めるのは「清め」になります。

マナ　塩って万能なのですね。どんな塩でも良いのでしょうか？

長　いまは、良い作り方の塩がいろいろと出ていますから、使えると思いますよ。

マナ　たとえば神社でいただける塩なんかはどうでしょう？

長　それは少々気を付けたほうがいいかもしれません。神社によっては、残念ながら商業的になってしまっているところもけっこうあるのですよ。

巫女さんにしても、ご神託を受ける巫女なのだから、きちんとした人を教育しなければならないのですが、アルバイトの学生さんにとりあえず衣装を着せて、巫女舞だけをさらっと教えているというような神社がかなり多いですからね。

そういった神社でいただくものとなると、どれだけの力を持っているのか、怪しいなということになりますよね。

マナ　分かる気がします。気を付けます。ともあれ、本当におかしい、困ったという時には長さんに祓ってもらえばいいということですよね。

長　そうですね。でも、私でなくてもいいのですよ。

急に何もかもがうまくいかなくなったとか、原因不明の体調不良など、おかしいと感じた時には、自分一人ではなかなか不安なものですからね。そういう時には遠慮なく、信頼できる能力者にご相談されるといいでしょう。

ご真言の「祓い清め」と言霊の「癒し」

マナ　ご真言、マントラを唱えることで「祓い清め」ってできるものでしょうか？

長　マントラですか……、そうですねえ。

たしかに、ご真言、マントラは「祓い清め」のためのものです。マントラを唱えるという話はよく聞きますが、実はそれだけでは片手落ちなのですよ。印を結ぶといって、手指を特別な形にすることが必要で、これをせずにマントラだけを唱えても、悪いものが祓えるほどの効果はないのです。

それから、たとえば不動明王のマントラは「ノウマク　サンマンダ　バサラダンセンダンマカロシャダ　ソハタヤ　ウンタラタ　カンマン」ですが、イントネーションや強弱を変えることによって、言っている文言は同じでも違うマントラになるのです。それに印を組み合わせて、それではじめて効力を発揮するものなのですよ。

マナ　つまり、一般の人にはハードルが高いと……。

長　さらに大きな問題なのは、多くの方が神様や仏様をごちゃまぜにしてしまっていることです。たとえば、弁天様はご存じですね？

マナ　はい、七福神のお一人ですよね。

長　……と思われていますが、もともとの起源はサラスヴァティというヒンドゥー教の女神なのです。芸術、学問などをつかさどる知の女神であると同時に、なかなか恐ろしい、最強の女神でもあります。

ところが、日本で弁天様というと、お寺では吉祥天《きっしょうてん》などとして祀られているし、神道の市杵島姫命《いちきしまひめ》や、少なくはありますが瀬織津姫《せおりつひめ》とも同一視されていますし、マナさんのおっしゃった七福神のお一人としても祀られています。とにかく様々な女神を全部ひっくるめて、弁天様としてしまっているのですね。
そうなると、弁天様のご真言を唱えたとしても、それはいったいどの神様にお願いしているのですか?というところが怪しくなってきてしまいます。

マナ　たしかに……。

長　そういったことをきちんと体系立てて学んだ専門家であれば、必要なご真言を正しい方法で唱えることができるので、その神様のエネルギーを得て強力な効果を発揮させることができます。
ところが、一般の方が訳も分からず見よう見まねで唱えたとしても、効果は10分の1もあるかどうか。それなのに効果を信じてひたすら唱えていたら、悪く働くことはないにしても、その間にもっと深刻なことになってしまうかもしれません。

マナ　「何も効果がないじゃないか！」という感じになっちゃいますしね。

長　実際、精神的に参ってしまうといったケースもありますからね。
そんなことになっては本末転倒です。

マナ　ご真言じゃなくても繰り返して言うと良いですよっていう言葉がたくさんありますよね。たとえば「南無阿弥陀仏」とか「南無妙法蓮華経」、それから般若心経とか「ごめんなさい、許してください、ありがとう、愛しています」のホ・オポノポノなんかもありますが、そういう言葉はどうでしょう？

長　すばらしい言霊《ことだま》ですから、どれも効果がありますよ。
ただし、それは「祓い清め」というよりは、癒しの言葉という位置づけになりますね。
心が怒りや悲しみなどでザワザワしたり、揺れ動いている、疲れているというような時に、自分で自分を癒すことができるというのが、言霊で得られる効果ということになります。

そうして癒されていくと、徐々に自分が整っていって、不必要なものを手放すことができるようになります。そこに至れば、「祓い清め」にもなっていると言えるかもしれませんね。

マナ　言霊には癒しの効果はあるけれど、それによって心身が落ち着いていって、手放す……、つまり「祓い清め」は、自分でやっていくということですね。

長　そういうことになります。

「それは本当？」と思う気持ちを大切に

マナ　ちょっと気になったのですが、9月9日の重陽の節句は、長寿を祝うということだったのですが、それはどういう流れからそうなったのでしょうか？

長　一族の繁栄と各人の長寿を祝うのが重陽の節句なわけですが、これは「９」という数字が鍵となります。

「９」というのは現世を超えた神の世界を表すとされ、非常に良い数字なのです。ところが、良い数字が２つ重なるのは「薬も過ぎれば毒になる」ということになり、その日をそのまま節句としては一族が滅んでしまうかもしれません。

そこで、少々ややこしい話になるのですが、重なっている数字を２つに分離させて、すばらしいことが２つ重なる「重陽」として、一族の繁栄と各人の長寿を祝うというふうにしたわけです。

マナ　今も数秘術みたいな感じで数字の力のお話がたくさんありますが、数字は昔からすごく大切にされてきたのですね。

長　数字は非常に大切ですね。「8」というのは、現世での最高の数字になります。陰陽の太極というものがありますが、この図は宇宙全体を表わしています。これを中国流にいうと八極となり、世界はこの八極によってできあがっているとされているのです。

マナ　だから、その上の「9」は神の世界ということになるんですね。

長　マナさんはどんどん鋭くなっていかれますね。九頭龍《くずりゅう》というのは、龍の中でも特別視されているのですが、それは現世を司るのではなくて神の世界を司っているからなのですね。

神話の中で悪者として登場する時には「八岐大蛇《やまたのおろち》」という名前になっています。これは8つの分岐、割れ目がある、つまり9つの頭があるということで、実は九頭龍なのですよ。余談になりますが、中国の四神のひとつである「玄武」も、同様の働きと言われています。

マナ　この世を超えた数字なのですね。

長　それが「9」という数字の意味合いですからね。

他にも、きちんとした意味が知られていない、誤解のある数字はたくさんあるのですが、最も顕著なのは「13」ですね。

マナ　不吉とされていますよね。

長　ところが、実は「13」というのは、世界中の神話や伝承の中でも共通している最高の数字なのですよ。

マナ　ええっ！　どうしてそんな誤解が起きちゃったんですか？

長　「13日の金曜日」のような言説を流布して、「13」という数字を悪い数字ということにしたのは、バチカン、つまりキリスト教勢力です。

そうすることによって「13」を大切にするキリスト教以外の宗教を邪教、悪魔を崇拝する宗教ということにすることができたのです。

マナ　日本でも世界でも、いろんな思惑が働いて、本当のことがすっかり分からなくなってしまっているのですね。

長　だから、疑心暗鬼になるのは良くないけれども、当たり前だと思っていることについて「それは本当かな？」と思う気持ちを持ってほしいですね。

同じ感じの話で言うと「６６６」という並びのこともホラー映画などで悪魔の数字というふうに言われますが、あれは六芒星を貶めるためのものです。

マナ　六芒星はユダヤのシンボルでしたよね。

長　そのとおりです。

キリスト教というのは、ユダヤ教から生まれた宗教なのですが、元であるユダヤ教を潰したいという流れがあります。イエス・キリストを十字架にかけたのがユダヤ教徒、ユダヤ民族だと聖書に書かれているので、敵とみなされているのですね。

「6」が不吉な数字となれば、六芒星も不吉だとなりますよね。もともとは「ダビデの紋章」になっている勇敢さを示す、すばらしい数字なのです。

マナ　そもそも、不吉な数字なんてないんですよね。

長　まったくそのとおりです。どれも意味のあるすばらしい数字です。

先祖供養で大切なこと

マナ　三途の川やお地蔵様のお話をしていた時に少し気になったんですが、お盆になるとご先祖様の霊が戻ってくるんですよね。

長　はい、戻ってきますよ。

ああ、せっかくその話をしてくださったので、注意喚起しておきましょうか。

マナさん、ご先祖様の供養はしっかりなさっていますか?

マナ　仏壇に手を合わせたりはしています。

それから、お墓参りに行ったりもします。

長　すばらしいですね。

ところで、考えてみてほしいのですが、一口にご先祖様と言いますが、いったい何人くらいいらっしゃるのでしょうね？　マナさんのご両親が２人、そのご両親、つまりおじいちゃんとおばあちゃんが４人ですね。それを10代遡《さかのぼ》ると１０００人を超え、20代遡るとなんと１００万人を超えてしまうのですよ。

つまり、マナさんにはそれだけ多くのご先祖様がいるわけです。

マナ　すごい！

長　本当にすごいですね。

でも、ここでまた考えてみてほしいのですが、そのものすごい人数のご先祖様、全員がきちんとあの世にいらっしゃるでしょうか？　これほどの人数なら、一人や二人、浮かばれない人がいないほうがおかしいとは思いませんか？

マナ　たしかに……。

長　もちろん、先祖供養は良いことです。

でも、やり方を間違えたり、やりすぎてしまったりすると、とても大きな弊害が出てきてしまう可能性があります。浮かばれていない、成仏できていない人たちが、助けを求めるくらいならいいのですが、酷くなると徒党を組んで集まって、恨みつらみをぶつける先を見つけたとばかりに祟ってきたりしてしまう場合まであるのです。

そうすると当然、運気もとんでもなく下がってしまいます。

マナ　ご先祖様なのにそんなことになっちゃうなんて考えたこともなかったです。

それってどうしたらいいんですか?

長　親戚の中にも困った人の一人や二人、いますよね。同じように、ご先祖様だからといって、全員が子孫の幸せを願ってくれているとはかぎらないということです。

では、ちょうど良いくらいの先祖供養ということになると、やはりお墓参りです。

一年に、さて何回するべきだと思いますか？

マナ　何回だろう？　2回ぐらいしか行っていないんだけど、少なすぎるかなあ？

長　2回というのは正解です。では、いつ？

マナ　ええっと、お盆と年末ですね。

長　残念、不正解。行った方がいいのは、春分と秋分なのですよ。

マナ　あっ！　お彼岸ですね。

長　そうそう。ちなみに、どうしてお盆がお墓参りにふさわしくないかというと、実は7月7日「七夕の節句」は旧暦のお盆である7月15日頃のちょうど1週間ほど前にあたっていて、自宅にご先祖様をお迎えする前に身を清める準備をする時でもあるのです。

マナ　えっ！　自宅にご先祖様をお迎えするっていうことは、まさか……。

長　そうです。お盆はお墓からご先祖様をお連れするもの、つまりお墓に行ってもそこには誰もいないのですよ。

マナ　なんだか、頭の中で名曲「千の風になって」のリフレインが止まりません（笑）。でも、お迎えしてもらえないご先祖様は、そのままお墓に残っているっていうことはないんですか？　もしそうだったら、すごく寂しいですよね。

長　そこはご心配には及びません。
先ほどもお話ししたとおり、ご先祖様というのは、遡れば途方もなく膨大な数になります。そしてそれは、親戚関係等々で様々なところで重複しているので、お墓が違ってもみんな繋がったご先祖様といった具合なのですね。

だから、仮にマナさんがお迎えできなかったとしても、便乗してどこかのお家へ行っているから大丈夫なのですよ。

マナ　そ、それは良かったです。

じゃあ、年末のお墓参りは、なぜ不正解なのでしょう？

長　年の瀬にお墓参りに行くというのは、実はお寺に行くということなのです。

どういうことかというと、お寺の信徒である檀家の人たちは、大晦日になるとお寺に行って、除夜の鐘を撞かせてもらいます。

除夜の鐘の音で自分の心身を清めた後に、お寺にあるお墓に行って「ご先祖様、今年1年ありがとうございました。新しい1年もよろしくお願いします」とご挨拶する、そういう習慣があったということなのです。

マナ　つまり、お寺に除夜の鐘を撞きに行くのがメインだったということですね。

長　そうなのです。

本来のお墓参りは春分と秋分、つまりお彼岸です。

春分と秋分は昼と夜の長さが同じ日、太陽が真東から昇り真西に沈みます。この時はご先祖様が住んでいる極楽浄土とこの世が交流しやすいので、春分、秋分それぞれの前後3日間、合わせて7日間をお彼岸と呼んで、ご先祖様に感謝を捧げるためにお墓参りに行く習慣ができたわけです。

マナ　そういうことだったんですね。

仏壇は天国の家族と心通わせるもの

長　とにかく、お墓参りはし過ぎないほうがよいです。
毎日お参りするなら、仏壇に手を合わせましょう。
ただし、仏壇にもやり過ぎという場合があるので、注意が必要です。

マナ　なんと、仏壇にもやり過ぎがあるんですか？

長　ありますね。
先祖の位牌をひとつにまとめるということで「〇〇家先祖代々之霊位」というものを作られている方がいらっしゃいますが、これはやり過ぎのリスクがあります。

マナ　お墓参りにあまり行けないからその代わりにお参りできるようにとか、50回忌で法要を終えた故人をご先祖様として子孫でご供養できるようにとか、そんな理由で作るんですよね。

長　いやいや驚きました。よくご存じですね。

マナ　祖母から聞いたことがあるんです。でも、違うんですよね。

長　違うというよりも、リスクがあるのです。

たしかに、マナさんがお祖母さまからお聞きになったとおり、ご先祖様を供養することはできます。

でもそれと同時に、お墓の時と同様に自分勝手でわがままな人たちを供養してしまい、その人たちに取り憑かれてしまって運気が下がってしまうといったことが起こる可能性が出てくるのです。

そんな危険なことをするくらいなら、年に2回お墓にお参りして、お墓だけのお付き合いというかたちにするのがいいのではないかと、私は思います。

マナ　そもそも仏壇というのは、どういう役割なんですか？

長　仏壇のルーツ的なものというのはとても古くからあって、法隆寺の「玉虫厨子《たまむしのずし》」などが挙げられるのですが、安置されたご本尊に手を合わせるためのものでした。故人のお位牌が置かれる現在のかたちになったのは、江戸時代のことです。

実は、昔は仏壇というものは存在せず、家の敷地内にお墓があって、そこでご供養の一切を行っていました。でも、貧しい庶民はそんなことができないから、そこで生まれたのが集合墓地です。

マナ　今のお墓はだいたい集合墓地ですよね。

長　そうですね。ただ、それだと家の敷地内にあるお墓のように頻繁にお参りに行くことができません。そこでできたのが仏壇なのです。

マナ　でも、先祖供養ではないんですよね。

長　その要素もあるにはありますが、先祖供養というよりは家族として家の中に居場所をつくっているというものなのですよ。

マナ　仏壇にお参りするときは、仏壇の中の家族にお参りするということですね。

長　そのとおりですね。

仏壇には故人の位牌がありますから、その方々に手を合わせるようにしましょう。

先ほど50回忌で法要を終えるという話がありましたが、これは50年ほど経つとその家も亡くなられた方をほとんど知らない次の世代になることから、そこで弔い上げを行ってお位牌から魂を抜き、故人を「個」としてではなくご先祖様のお一人という位置づけにするということになります。

マナ　仏壇は一緒に暮らしてきた家族と、心を通わせるためのものなのですね。感謝の気持ちを持って手を合わせます。

長　ぜひ、そうしてくださいね。

最近は先祖供養について、お坊さんでさえどこまで分かっているか怪しいこともあって、まったく困ったものだと思います。また、今は様々なご事情から、仏壇を小さくしたり墓じまいをしたりというようなこともあるようです。

私は元僧侶でもありますからご相談にも乗れますし、そういったお困りごとに特化した冊子を友人の滝沢泰平さんが作ってくださるとのことですので、マナさんもよかったら活用してくださいね。

神社で神様から叱られたこと

マナ　神社にお参りする時に、気を付けたほうがいい作法ってありますか？
二礼二拍手一礼くらいしか知らないんだけど……。

長　二礼二拍手一礼というのは、神社庁が決めたもの。本当のところを言うと、四礼四拍や四礼八拍など、神社によって違ってきます。
神と自分ということで必ず偶数になるのですが、女性の神様が祀られている神社では、三礼三拍や五礼九拍といった具合に必ず奇数なのです。

マナ　それってどこで分かるのですか？

長　残念ながら、そういうことがきちんと残されていることは稀なので、通常のお参りの方法でかまいません。心を込めて感謝の意をお伝えしてください。
ただ、神様からよく言われたのはお賽銭のことです。

マナ　神様から言われるんですか！

長　そうです。直々に伝えられたということは、かなり強いメッセージなので気を付けてほしいですね。
お賽銭を入れる時、何気なくでしょうが、賽銭箱にポンッて投げ込む方がいらっしゃいますね。ずいぶん昔ですが、私もそうしてしまったことがあって、その時「お前は神を買収するんだな。神を買収するのに、お前はいくらぐらいが適当な金額だと思ってるんだ。5円か10円か5百万か1千万か、それとも1億か？」と、ものすごい剣幕で詰め寄られたのですよ。

マナ　買収かあ、考えたこともなかったです。

なんだかお賽銭というのは、お願いごとを叶えてもらうために入れるような気でいたけど、それって神様を5円とか10円で買収しようとしているのと同じことですよね。

長　でも考えてみたら、そもそも買収なんてできるわけがないのですよ。神様という存在がお金を欲しがるわけがないのですから。

それで「いくらであっても買収できません」と答えたら、「そうだろう。ではお前たちは誰に向けて、お賽銭を入れるんだ？　我々を祀ってくれている神職の者たちに対してであろう？　その者らにお金を投げるという態度はあまりにも失礼なのではないか？」と言われたのです。

たしかに、お金を投げつけられたりしたら、良い気がするわけがないですよね。

マナ　神様、神職の方たちへの非礼を叱ってくださるんですね。

長　そうなのです。すごいことですよね。

先ほど少し言いましたが、神社では感謝をお伝えしてください。

そしてお賽銭は、神職の方たちへの感謝をこめて賽銭箱の縁の斜めになっていると
ころにお金を置いて滑らせるように入れる。決して投げ込んではなりません。

もし、お札を入れたい場合には「志」と書かれた封筒に入れるか、社務所に持って
行って「どうぞお使いください」と預けてください。

マナ　そういえば、お守りをいただくことで、祀ってくださっている方々の助けにな
ると聞いたことがあって、時々いただくようにしています。

でも、最近お守りがだんだん増えて、かばんにいくつもぶら下げているんだけど、
これって大丈夫なものですか？

長　良くないですね。

最近、パワースポット巡りといった流行で、神社にお参りをする方が多いからでしょ

うが、お守りをたくさんぶら下げているのはいただけません。
実はお守りは、1年ほどで効果が薄くなってきます。お札はその神社の神様を、一族一家全体を見守っていただくということでお迎えするものですが、お守りというのは縁結びや学業成就、商売繁盛等々、なにがしかの目的があっていただくものですよね。
これには、縁結びなら良い人と出会えるまで、学業成就なら受験に合格するまでといったある程度の期限があって、ずっとということはないわけです。だから、お守りは1年程度で役割を終えるということになるのです。

マナ　役割を終えたお守りは……。

長　神社に古いお守りを納める箱などがありますので、そこへ納めてください。
お守りをいただいた神社で御礼のお参りをしてお納めするのが良いのですが、遠方で難しければお近くの神社でも問題ありません。

なお、神社でいただいて神棚に祀るお札は、一度いただいたら取り替える必要はありません。ずっとそのままでも大丈夫です。

マナ　お札はそのままでいいんですね。

長　たとえば、もともと伊勢神宮には、一生に一度行ければいいということだったのです。だからお札については、どこの神社のものであっても、取り替える必要はありません。

ただ、ご挨拶に行って「今年一年ありがとうございました、来年もよろしくお願いいたします」ということで、お札を持って行って納めて、新しいお札をいただく。これはしていただいても問題ありません。

ただ、遠い所だと毎年行くのは難しいですよね。そんな時には、無理をして行かなくてもお札の効果がなくなるということはないということです。

そうそう、お札のことで大切なことを言い忘れていました。

マナ　なんでしょう?

長　神社でお札をいただくと、手あかがつかないようにということで、白紙で包まれた状態で渡されます。

その白紙は封印なので、神棚にお祀りする時には、必ず外すようにしてください。外さなければ、お札の効力はまったく発揮されないのです。

マナ　外さないままだと、お祀りしているつもりが、ただ飾ってあるだけということになってしまうんですね。

長　ただ、お札は効果がなくなることはないので、ずっと白紙に包まれたままのお札を50年後に開いても、効果は変わらないのですよ。

マナ　すごいですね！

でも、神様をお迎えできていない状態なのは困るので、白紙は外すようにしたほうがいいですね。

選択が変わると未来が変わる

マナ　ところで、私はちょっとした悩みがある時などに、タロットカードを引いてヒントをもらうんですが、なにか注意したほうがいいことってありますか？

長　タロットカードなどのカードリーディング、これは個人でも楽しまれる方が増えているようですね。

まず、すこし残酷に聞こえるかもしれないのですが、人生の大きな運命の流れというのは、生まれた血筋、家系、それに家庭環境などから、その人の感情や意思とは関係なく、自動的に決まってしまいます。

そこは、本人がどんなに頑張っても変えることができないのですね。

マナさんはアガスティアの葉というのをご存じでしょうか？

マナ 聞いたことはありますが、詳しくは分からないです。

長 「アガスティアの葉」というのは、数千年前の古代インドにおいて、聖者アガスティアという予言者が残した「個人の運命に関する予言の書」のことで、開く人の過去・現在・未来を正確に予言するとされています。

「アガスティアの葉」はそれを見ることのできる方に開いて見てもらうのですが、「過去にこういうことがありましたね。そう書かれていますよ」と言われると、これがぴったり符合していてとても驚くわけです。そして、「未来にはこういうことがありますとも言われます。これは間違いなくそうなるんだなと思いますよね。

マナ　未来のことまで書いてあるなんてすごい！　開いてみたいなあ。

長　機会があれば、ぜひ開いてみてください。

ところが、開く前なのにお話してしまうのですが、たとえば1年ほど経ってもう一度アガスティアの葉を見てもらうと、中身が変わっているのです。

マナ　えっ！　外れてしまうんですか？

長　お気持ちは分かりますが、そうではありません。

「アガスティアの葉」に書かれているのは、それを聞く瞬間までの未来であって、その未来を知った瞬間にその未来はなくなってしまうんです。

マナ　なんだか混乱してしまいます。

長　人は未来の話を聞くことによって、聞く前とは行動を変えるものです。良いことであればさらに良くなるように、良くない、都合の悪いことなら、それを回避しようとするのです。

たとえば、マナさんが煙草を吸っているとしましょう。「アガスティアの葉」に、「煙草の吸いすぎで5年後に肺を悪くして死にます」と書かれていたらどうでしょうか。きっと煙草を止めるか、止められないにしても減らそうとするはずです。そうすると、5年後に死ぬという未来が消えて、5年後も生きているという未来が現れるわけです。未来がまったく別物になってしまうのですね。

マナ　そういうことなんですね。

じゃあ、次に開いた時に未来が変わっているのは、当たり前のことなんですね。

長　タロットカードも同じです。

たとえば、やるべきかどうか悩んでいたことがあって、引いたカードがやったほうがいいと感じられる内容ならば、悩みが吹っ切れてどんどん進めていくでしょうし、止めたほうがいいという内容なら、ブレーキがかかるでしょう。

つまり、選択が変わることで未来が変わるわけです。

マナ　そんな見方はしたことがないです。なんだかカードの見方が変わりそうです。

長　カードからのメッセージを受け取ったら、その時点で示された未来は全部消えてしまいます。示された未来は、そのメッセージを受け取る前の未来だからです。

そこからの未来は、そのメッセージを受け取った人が、どう受け止めてどう動くかということで大きく変わります。どうせなら、最大限に活かせるよう、素直な心で受け止めたいものですね。

そして、そのように活用できるなら、タロットカードなどを使ったり、プロの方に鑑定してもらうのは、ひとつの節目としてもとても良いことだと思います。

マナ　選択が変わると、未来が変わるんですね。

問題を解決し、未来を決めるのは自分

長　ただし、カードの予見どおりの未来になるという人も、おおよそ全体の１割くらいいるのですね。

それはどういう人かというと、占ってもらうばかりで何もしない人です。

あっちの占い師に行ったらこういうことを言われた、こっちの占い師に行ったらこういうことを言われた。でも、なんの行動も起こさず努力もしない。そうすると結局、言われた通りになってしまうのです。ああ言われたこう言われたと自分に言い聞かせて、その未来を引き寄せているわけですね。

マナ　せっかく占っているのに、もったいない！

長　占い師さんにとっては良いお客さんかもしれませんね。

通常は言われた通りになるということはありえない。言われたことに対して、何らかの影響を受けて、未来は必ず変わるものです。

それが、占いの通りに物事が進むというのは、占い師さんの声に自分の未来を任せてしまって、それを繰り返し聞くことで頭の中に刷り込み、引き寄せているのです。

マナ　たしかにそうなると、占い師さんは「当たった」と言ってもらえますよね。

長　だいたい、そんなことになるのは、その結果が当たり障りがないからです。

たとえば「もうすぐあなた、死んじゃうよ」と言われたら、「そうか、私はもうすぐ死ぬんだなあ」と受け入れて、引き寄せられる人なんていないでしょう。当たり障りがなくて、その未来がやってきても構わない未来だから変えないのです。

マナ　たしかに、当たり障りのないことなら何も変えないかもしれないですね。でも考えてみたら、当たり障りのないことなら占う必要ないんじゃないですか？

長　私もそう思いますね。そして、それは占い師のほうの問題でもあると思います。私は占い師ではありませんが、多少の未来の予見もします。でも、当たり障りのないことしか求めていないようなら、時間の無駄になるのでお断りします。

個人でカードに親しむのは別として、「アガスティアの葉」も占い師の鑑定も、本質的には今の問題点を示してくれるものであり、そのために行うものです。

マナ　ムカッとしたりすることもあるかもしれないけど、やっぱり問題点をちゃんと指摘してもらえないと、意味がないですよね。

長　ただし、だからといって改善点や解決法について具体的なアドバイスがあるというのも、いかがなものかというところです。占い師に点数を付けるとしたら１００点満点中10点といったところでしょうか。

伝えるべきは問題点であって改善点や解決法ではないのです。

その問題にどう対処するのかというのは、その人の成長につながる最も大切な部分です。具体的なアドバイスはそのチャンスを奪ってしまうことになりますから。

マナ　長さんはいつも、その人が成長することを第一に考えてくださるんですね。

長　もちろんです。時々、「なぜ解決法を教えてくれないんだ！」などと責められてしまうこともあるのですが。

いずれにせよ、占い師にかぎったことではありませんが、どんな人も今出会っている人が最もふさわしい人ですから、それで不正解ということはないのです。

マナ　優しく慰めてほしいという時もあるのかもしれませんよね。

長　私のところに来られたマナさんは、きっと厳しく問題点を指摘してほしいということですね（笑）。

マナ　厳しくは、ちょっと……。

長　まあ、厳しくとも優しくとも、人生の達人ともなれば、どんな相手からでもすばらしいメッセージを受け取ることができるものです。

出会った相手が良い悪いではなく、実はご自身の受け取り方次第なのだということも念頭に置いた方がよいでしょう。

第5章

祓い清めで女神と出会う

ところで、長典男のセッションって？

マナ　なんだか質問するのが楽しくて、ものすごくいろんなことを教えていただいたのですが、長さんのセッションって一体いつ始まるんですか？

長　もうずっとやっていますよ。

マナ　えっ？　お祓いをするんじゃないんですか？

長　はい、そうですよ。

ああ、もしかすると、マナさんは私が「エイッ」とか「ヤーッ」とか叫ぶと思っているのですか？

マナ　ええっ！　しないんですか？　まさか着替えとかもしないんですか？

長　残念ながら叫びませんし、念のため申し上げますと、服装もいたって普通、そのままです（笑）。

マナ　どういうことですか！

長　そういうご質問をよくいただくのですが、セッション中は、基本的には和やかにいろいろとお話をしているだけです。気づいている人はほとんどいないのですが、実はそのセッション中に「お祓い」をやってしまっているのです。

マナ　ちょっとがっかりだなあ……。

長　それは申し訳ありません。

でも、これには理由があるのですよ。私がしているお祓いは、時間をかけてやる必要があるのです。

マナ　理由があるのなら仕方ないですね。

長　私が個別にお受けしているセッション、つまりお祓いというのは、主に人が人にかけている良くない想念、怖い言い方をすると怨念、呪い、憑依《ひょうい》と言われるようなものを取り去るというものです。

ところが、お祓いを受ける前段階では、様々なものが取り憑いている悪い状態が、その方のノーマルになってしまっていることがとても多いのですね。

呪いがかかっている、呪われている状態に慣れてしまって、その状態が正常だと心身が勘違いしているわけです。

マナ　ちょっと分かる気がします。

長　その状態から急に、すべての呪いをいっきに取り去ってしまうと、心身がビックリしてしまいます。なんだか体の一部が持っていかれたような、心にぽっかり穴が開いたような感覚になってしまい、良い状態になっているのだけれども、なんだか心身が不安定な状態になってしまうわけです。

そしてそうすると、そのぽっかり開いてしまった穴を埋めるようにして、もっと悪いものを引き寄せてしまうということがあるのですよ。

その結果、体調が悪くなったり運が悪くなったりと、状況はさらに悪くなっていくのですが、ご自身は元の状態に戻ったことによってホッとする、安心感を持ってしまうことすらあるんですね。

マナ　本末転倒ですね。

長　おっしゃるとおりです。私はお祓いを始めた当初、この悪循環のような状況にずいぶん悩みました。
悩んで悩んで、最終的にどうすることにしたかというと、雑談しながら相手に気づかれないようにこっそりこっそり祓っていくことにしたのです。まとめて取ると空白ができてしまうので、ほんの少しずつ取り去っていきます。

マナ　それは名案ですね！　祓っていただくほうとしては、体感もほしい気もするけど、もっと悪い状況になるよりは全然いいです。

長　そう言っていただけるとありがたいです。

無責任なことをしないために

長　ただ、これがなかなか厄介なのですが、時々単体でかなり大きなものに遭遇することがあります。そんな時には取り去ると同時に、取ったものよりもちょっとだけ弱いものを入れるのです。

次にそれを取って、また代わりにそれよりもちょっと弱いものを入れる。こういったことを繰り返しながら、本人が気づかないように、穴が開いていると感じさせないように、徐々に祓っていきます。

マナ　めちゃくちゃ難しそうですね。それに、危険も伴いそうです。

長　そうですね。とても難度の高い高等な技術になりますし、危険も伴うのですが、安心感、安定感を保ったままで、少しずつ悪いものを取っていって、最終的にすっきりとした状態、その人本来の状態になるように持っていきます。

でも、ご本人の意識は気づいていないので、それが正常だと良い意味で勘違いして、そのままの状態を維持していってくれるのですね。

この作業をするのに、最低でも1時間ほどかかります。セッションの時間をある程度長く取っているのは、実はそのためなのですよ。

まあ、それにしても今日はおしゃべりが過ぎている気はしますけれども。

マナ　私が質問しすぎているからですよね。ごめんなさい。

長　楽しいからいいですよ。

まあ、取れと言われれば外科的にというのでしょうか、一発で取ってしまうこともできなくはないのですが、この欠損を感じさせることを避けているということです。

様々なやり方があると思いますし、マナさんのおっしゃるとおり、体感を得たいという方もいらっしゃるとは思います。

それでもこういった方法をとるのは、もう50年以上この世界でやってきて、その中でまとめて全部取り去った時に、心身が不安定になり歪みが生まれて、また悪い想念を引き寄せてしまうということに何度も遭遇してきたからです。

それが分かっているのに、そんな無責任なことはしたくないというわけですね。

マナ　それをお聞きしたら、体感は二の次になりますね。

長　もちろん、これは私のやり方ですから、これが正解というわけではありませんし、人によっては「何にもしてくれないじゃない！」と思われるかもしれませんが、いや、実際に言われたこともあるのですが（苦笑）、大切なのは結果ですからね。
変な言い方ですが、リピーターとしてまた来てもらわない方がいいと私は思っていますから、私のセッションに満足してもらう必要はあまりないのですよ。

マナ　ということは、この説明は相談者にはしないっていうことですか？

長　聞かれなければ、わざわざはしませんよ。
これは様々な考え方ややり方、そして能力等さまざまな要素が絡むことなのです。

私にはできないけれど、一度で完全に祓いきって、しかもその状態を維持できるという能力者もいらっしゃるかもしれません。

だから、どんなこともそうですが、どれが正しいとか、絶対にこれがいい、逆にあれがダメというようなことは言えないのです。

そして、そういった判断は、それぞれがご自身でしていくしかないのですね。

過去生を伝える理由

マナ　長さんは和やかに雑談しているだけとおっしゃっているけど、すごく大切な話をたくさんしてくださいました。

長　それはよかったです。疑問に思われることはなんでも聴いていただければ、分かる範囲、そして必要な範囲でお答えします。

たとえば、過去生の話などは、聞きたいという方が最も多い話題の一つですが、必要に応じてお話しします。セッションでお話ししていく中で、これから人生を変えていくため、成長していくために、知っておいたほうがいいことが見えてくるので、タイミングを見ながらそれをお伝えしていきます。

マナ　過去生ってたくさんあるんですよね？

長　はい、かなりたくさんあります。

たとえば、これまでの人間の世界というのは、とにかく争いが多いですよね。日本なら明治以降、赤紙がきて徴兵され、外国で戦死してしまった。当然、こういう過去生を持っている方はものすごく多いです。

でも、その過去生が今の人生に関係があるかというと、あまりない場合が多い。逆に関係のある未来、戦争のある未来になどしたくないということにもなりますよね。

マナ　たしかに、そうですね。

長　見える過去生をなんでも話すというのではなくて、その方が生きていく中で、その成長のヒントとなることを含んでいる過去生について、お伝えするというのはそういうことです。

当然ですが、地位のある偉い存在、たとえば王様だったとかお姫様だったとかいうようなことで、イコール現在もすばらしいといったことを伝えるといった、そんな無意味なこともしません。

マナ　スピリチュアル好きな人の中には、時々そういう過去生のことを自慢する人がいるけど、今の人生と何の関係があるんだろうって不思議になります。

長　自慢している時点で、十分すぎるほど悪影響だと思いますね。

よくあるのは、過去の人生で達成できなかった、実現できなかったから、今生に持ち越しているということがある場合があるので、それを認識するためにその過去生についてお伝えするということです。

マナ　そういったことが分かっていると、実現のために動きやすいですよね。

長　そうですね。ただ、そういった過去生は悲惨なものであることも多く、私が怖い話をするという印象になってしまったりするのですが、そこは仕方のないことです。たとえば、「信頼している人に背後からナイフで刺されていますね」などと、見た景色そのままを言ったりしてしまいますからね。

マナ　それって、もしかして私の過去生のことですか？

長　勘が鋭いですね。

ただ、私は「刺されるなんて、可哀想だったね」という話をしたいのではありません。

大切なのは、その時なぜ刺されたのかということです。

そこを考えてみてほしいのです。

この過去生が深く関わるということは、刺されるわけではないにしても、刺されるような苦しみを味わうのかもしれません。

その苦しみの原因は何か、そうならないためにはどうすればよいのか、過去生の様子をしっかり見ていくことによって、今の生き方を変えていくのです。

生き方を変えると過去生も変わる

長　これはとても不思議な話なのですが、過去に生きていた時には分からなかった苦しみの理由が分かって、今の意識が変わると、過去生も変わるのですね。

これについては、アメリカの優れた予言者、霊能力者として知られるエドガー・ケイシー（1877〜1945）も同様のことを言っています。

マナ　さっきの話だと、刺された過去生から刺されるということがなくなって、違ったものに変わっていくということですか？

長　まったくそのとおりです。

過去生が変わると、今の考え方も生き方も自然に変わっていき、そのままだと遭遇することになったかもしれない苦しみも回避できることになります。

マナ　時空を超えて、双方向から影響し合っているということですね。

長　繰り返しになりますが、過去生の話をするときに怖い話が多いのは、あくまでも必要だからであって脅かしてやろうということではありません。

楽しくて幸せだった過去生は、知っても今の人生にプラスになることはありません。かえって傲慢になってしまう恐れすらあります。

マナ　さっきの王様やお姫様の話ですね。

長　そういった過去生は耳障りもいいし喜ばれるので、商売としては人気が出ていいのかもしれません。

残念ながらと言いますか、私はとことんそういったことに興味関心がないので、どうしても怖がらせてしまうことになってしまうのです。

マナ　長さんのセッションが大人気な理由が、だんだん分かってきました。

長　皆さんが物好きだということくらいしか考えつきませんね。

とにもかくにも、なぜそうなったかを理解し、意識を変えていくことで、過去生が変わり現状も変わり、さらには未来も変わっていきます。
実はこの一連のことを「カルマの解消」というのです。

マナ　あっ！「カルマの解消」はここでできるものだったんですね。

恨みは返さない

長　セッションを進めていくうちに、その方に恨み、生霊を送ってきている人にもたどり着いていきます。私のところに相談に来られるくらいですから、大抵の方には大きいものから小さいものまで、様々な想念が送られてきています。

マナ　信じたくないけど、そうなんでしょうね。

長　では、それらの悪い想念をどうするのか？　ブーメランのように送り返せばいいかというと、そうではありません。むしろそれは、禁じ手と言ってもよいでしょう。

マナ　送り返すんだとばかり思ってました。

長　送られてきた恨みをUターンさせて相手に送ってあげれば、相手も気づいて改心するのではないかと、そう思う方もいらっしゃるかもしれませんが、そんな人は経験上一割もいないのではないかと思います。

恨みの念を送り返されて「ああ、自分が悪かった」と反省するような人であれば、そもそも恨みの念を送ってきたりはしないものです。それが送り返されようものなら、さらに強い恨みの念を送ってくるということになってしまいます。

無意識の中の意識、潜在意識では誰から送り返されたのかちゃんと分かりますからね。無意識下での恨みの応酬になってしまうわけです。

マナ　じゃあ、どうするんですか？

長　私の場合、送られてきた想念は全部消し去るようにしています。

マナ　消しちゃう？

長　はい、消します。

ただし、霊体がやってきている場合は、それを消し去るということは、すなわちその人を殺してしまうことになるので、絶対にやってはいけません。

でも、そんなケースはかなり少なく、大抵は生きている人の念ですから、それを消してしまうのです。

悪いものが取り憑かないように結界を張るというようなこともするのですが、これは目の細かい網を張り巡らせるようなものなんですね。

しかし、念というのは非常に厄介で、結界の網の目を煙のようにすり抜けてきてしまうのです。ですから、そういった念に関しては、ポンポンポンッと消してしまいます。簡単なように聞こえるかもしれませんが、実は高等な技術なのですよ。

マナ　簡単には、まったく聞こえないです。

長　念を送り返すと、その恨みによってこちらがダメージを受けていないことに気づかれてしまいますが、送り返さなければ気づかれないんですね。

念や呪いを送った人は、それが効いていると思い込みますが、実際のところはすっかり消されているので、影響は受けません。これで万事、丸く収まりますね。

マナ　たしかに、収まりますね。

長　これは見えないエネルギーのやりとりの話なので、荒唐無稽に聞こえるかもしれませんが、実は人から悪口を言われても言い返さないというのと同じことなのです。

言い返してしまったら相手の思う壺、争いが始まってしまいますよね。

悪口の言い合いも、恨みの念の送り合いも、お互いに業を積むだけです。ところが、悪口を言い返さなければ、恨みの念を送り返さなければ、相手は「効いてるな」と勘違いして、それ以上は言わないし送ってこないのです。

マナ　同じなんだ。

長　そのうえ、恨みの念が作用する前に消してしまうから、悪影響が起こりません。そうすると、相手が業を積まなくて済むんですよ。

これは悪口も同じで、受け取らない、すなわち気にしなければ傷ついたりしませんから、これも相手に業を積ませないことになります。

えっ！　悔しいですか？

マナ　正直ちょっと、悔しいかもしれないです。

長　世の中には、完全な善人も完全な悪人もいないものです。

マナさんにしても、人を嫌ってしまうことはありますよね？

いまはマナさんに向けて恨みの念を送ってしまっているかもしれないけれども、その人にだっていろいろな事情があるのかもしれません。

送り返したりしないで、そっと消してあげることで自分の徳を積むほうが、マナさんにとっても良い流れだと思うのですが、いかがですか？

マナ　そうか、すっかり解決しちゃううえに、自分の徳を積めるのなら、いいかもしれないですね。

長　毎度のことながら、これはあくまでも私の考え方であって、「そんな甘い考えではダメだ！　痛い思いをさせなければ分からないんだ！」というお考えの方もいらっしゃるでしょう。

そういう考え方も、もちろんあっていいと思いますから、マナさんはマナさんなりのお考えをもって、対処していってくださいね。

霊体は消してはならない

長　それはそうと、先ほど霊体の場合は、消してしまったら大変なことになるというお話をしましたね。
これについてご説明しておきたいのですが、霊体というのは幽霊ということではなくて、生きている人のエネルギーそのものが、いわゆる幽体離脱をしてやってきているというケースです。

マナ　こ、怖い……。

長　はい、これは本当に怖いです。

それこそ、本気で殺したいくらいの怨念をもってやってきています。

マナ　幽体離脱しているってことは本体のほうは倒れたりしているのかな？

それとも、寝ている間に来るんですか？

長　いえ、本体も普通に生きているのですが、ロボットのように決められたことだけをやって生活しています。ぼんやりして、心ここにあらずといった様子ですね。

そして、後になってみると、まったく記憶がないといったことになります。

マナ　もし、消してしまったらどうなるんですか？

長　霊体というのは、魂ですからね。
それを消すということをしてしまうと、当然死んでしまいます。

マナ　じゃあ、どうするんですか？

長　捕まえます。

マナ　捕まえる？

長　はい、捕まえて、懇々と納得するまで話します。
ちなみにすでに亡くなっている方の霊体、つまり幽霊にも同じように話します。

マナ　他には方法ないんですか？

長　ないことはないですよ。

私が教わったことがあるのは、霊魂をフリーズドライしてしまうという方法です。

マナ　えっ？　フリーズドライ？　固めるっていうことですか？

長　そう、そしてそれを食べます。

マナ　えっ！　ええっ？　食べるんですか？

長　そうです。フリーズドライした霊魂を食べてしまう、つまり体の中にしまい込むのですね。

そして、自分が死ぬ時に一緒にあの世に持っていって、恨んでいる相手が亡くなって霊界に来るまでの間、ずっと離さずにいるのです。その人が亡くなったらもう殺せないので、そこで解放してあげるという、そういうやり方もあります。

マナ　すごいやり方ですね。

でもそれって、何の解決にもならないんじゃないですか？

長　実はそうなのですよ。

問題が先送りされるだけで、たとえば来世になってその人が生まれ変わった時に、地縛霊のようになって祟っていくことになってしまうこともあります。

しかも、しまい込む人は寿命が縮むので、良いことが何にもないのですよね。

マナ　だから、懇々と話すわけですか。

長　そういうことです。まず、戦っても絶対に勝てないということを相手に自覚させた上で、徹底的に話し合います。

「どうしてこんなことしてるの？」と聞いて、言いたいこと、恨みつらみを全部吐き出させて、最終的に納得してもらいます。納得すると、霊体はきちんと行くべきところへ帰っていきます。ものすごく執着しているのですが、それを解いてあげると意外と良い人だったりすることもよくあります。

マナ　誰だってもともとは良いところもちゃんとある、普通の人なんですよね。長さんに聞いてもらえて、きっとホッとするんだろうなと思います。

「結界調整塩」と「破邪の塩」

長　私がお祓いをする時には、その方のお住まいやその周りの土地の情報も視ていきます。その方についている悪いものを祓う時には、範囲をすこし広げて視る必要があるのです。

マナ　たとえば、ご近所さんが思いがけない恨みつらみを持っていないとも限らないということですね。

長　残念ながら、悪い状態に陥っている時というのは、往々にしてそういったことも引き寄せていて、見えないしがらみがあったりする場合があります。

それらを全部取ってあげないと、安心して暮らせないですからね。場合によっては、実際にその土地を訪れてしっかりと拝見するということもあります。

マナ　そういうことは、自分でも分かったりしますか？

長　住んでいる土地に障りがあるかどうかというのは、敏感な方ならなんとなく分かるかもしれません。

なぜか眠りが浅くなる、落ち着かないといったことが起こりますし、酷いケースだと、何をやってもうまくいかないというようなことにもなります。

マナ　それは長さんにお祓いしてもらえたら、大丈夫なのですよね。

長　大丈夫ですが、また徐々に悪くなるといったことも考えられます。これはまずいと感じた場合には「結界調整塩」というものをお勧めしています。この塩は極めてエネルギー値の高い貴重なヒマラヤ岩塩で、普通の塩よりも念が入りやすく、邪気を吸い取る力も強く、溶けるという作用によって吸い取った邪気の浄化も岩塩自身で行うという優れものです。

マナ　その岩塩に、長さんが祈祷をしてくださるわけですね。

長　はい、ご本人とご家族やご親族の方と神様とをおつなぎする祈祷をしますので、岩塩が榊と同じような作用をもたらし、ご縁のある方をお守りします。また、お住まいの土地のエネルギーと住まわれる方とのエネルギーバランスの調整もします。

数に限りがあるのですが、これはもう、必要な方に届くものだと思います。

マナ　私の家はどうでしょうか？

長　うーん、必要ないでしょう。

だから、こちらもマナさんには必要ないのですが、「結界調整塩」をご自宅に置いていただく方の中でも、さらにまずいなという時には、「破邪の塩」をお持ちになることをお勧めすることもあります。

「破邪の塩」は一人ひとりのオーダーメイドで、「結界調整塩」と同じ塩を粉砕し、私が「祓い」のエネルギーをこめます。いつも携帯していただき、「あれ？　おかしいな」と思ったらすこし舐めるようにしていただくと、霊的なエネルギーが侵食してこようとするのを散らしてしまうのです。

マナ　他の人には効かないということですか？

長　普通の塩としての効果はあるので「清め塩」としては効きますが、「祓い」としては効きません。

マナ　そのぶん、その人にとっては強力な祓いだということですよね。「結界調整塩」も「破邪の塩」も、どんどん欲しくなってしまいます！

長　いや、本当に必要ないですからいいですよ。

マナ　長さんって、本気で商売に興味関心がないんですね（笑）。

「場の調整」から「人の調整」へ

マナ　土地のエネルギーと言えば、長さんは全国を旅されていたってブログか何かで読んだことがあります。

長　数年前まで、滝沢泰平さん、鳴海周平さんの3人で日本各地を巡っていたのですよ。必要に応じて海外にも出かけましたね。
目的は「場の調整」、誰がどの配役かはともかくとして、3人旅なので、「黄門様の旅」なんて言っていましたね。実に楽しい旅でした。

マナ　「場の調整」というのはどういうことですか？

長　霊的に重要な場の多くが、不安定になってしまっていたのですよ。

この10～20年くらいの話になると思うのですが、スピリチュアルな世界に開眼する人が増えて、「私が封印を解きました」「私がここの扉を開きました」というようなことが多く聞かれるようになったのですね。
マナさんもお聞きになったことはないですか？

マナ　あります！　それってダメなことなのですか？

長　ダメではないのですけれどね。
重要な場の封印というのは、実は何層にもなっているものなのです。浅いところから始まってかなり深い意識のところまで封印がかかっています。
ところが、そういう方の多くは、ご自身に見えている範囲の封印だけを解かれるのですよ。

マナ　たしかに、見えないところには、気づくことができないですよね。

長　はい。そしてそうなってくると、たとえば封印のうちの表層の部分だけを解いて「解けました！」となりますよね。たしかに解けた部分もあるのだけれど、下層の封印がそのまま残されてしまうのですよ。

するとそれまで全体が封印されていることで取れていたバランスが崩れて、アンバランスな歪んだ状態になってしまうということが、多くの場で起こってしまっていたわけです。

マナ　なんだか危ない気がします。

長　そう、危ないのです。

だからそういった場のできてしまった歪みを整えて、本当の意味で封印の全体を解いていくということをずっと続けてきたのですが、最近になってふっと様子が変わったのです。

マナ　どんなふうに変わったんですか？

長　それまでは「場の調整」が最重要課題だったのですが、調整しなければならないのが、「場」ではなくて「人」へと変わってきたのです。

マナ　ということは、人のエネルギーが不安定になっているということですか？

長　そうですね。だから、これまでお話ししてきたような、恨みつらみの想念があちこちで飛び交ってしまったりするわけです。

人は本来は誰もがみんなで幸せに生きていきたいと願っているものですからね。その願いを叶えるために、自分の意識、想いをどこに向けていけばいいのか、なにをやっていけばいいのか、それが見えなくなってしまっているのだろうと思います。

人の持っているエネルギー、意識の力というのは、思っている以上に大きいのです。

今はそこを調整していくという動きになってきています。

マナ　あっ！　さっきの話の、封印を解くのだって人ですよね。

長　たしかにそうですね。それでいくと、そういった見えない世界を扱うのであれば、まずはきちんと自分を整えていただきたいと思います。

傲慢になっていたりしないか、そこは本当に封印を解くべき場であり、今はその時であるのか。解くということになれば、自分はどの層を扱うことが得意なのか、他の層とのバランスを崩さないようにきちんとした手順を踏めるのか、そういったことを見極めた上でやることです。もし少しでも不安があるのであれば、ご自身のためにもやるべきではないでしょうね。

そして、そういった勉強や修行をされたことのない一般の方には、訳が分からないのは当然のことなので、そういった話にはくれぐれもご注意いただきたいですね。やりたいと思っただけでできるような話ではないですし、本当に危険ですから。

取り扱いの難しい、たとえばクレーンを操縦するといったことは、ちゃんとした資格を取った方しかできないのと同じことです。

マナ　そうか、長さんがセッションをしたり、必要に応じて結界調整塩や破邪の塩を勧めたりされているのも、その一環なんですね。

長　私個人としては積極的にそういう活動をしているし、3人では講演会なども開催しています。

ところで、マナさんは「100匹目の猿現象」というのをご存じですか？

マナ　聞いたことがないです。

長　宮崎県の幸島というところに住んでいた猿が、ある時お芋を洗って食べるということをし始めました。それが徐々に群れに広がり、100匹を超えたところから一気に群れ中に広がり、さらには海を隔てた遠くの群れの猿までもがお芋を洗い始めたという現象のことです。

私たちで情報をお伝えしたり、調整できる人数は多くないかもしれないのですが、その人たちが整っていくことで、全体のエネルギーが引き上げられていくんですね。

そして、そうすることでやがては地球全体が良くなっていくというふうに、私たちは本気で考えています。

マナ　すごーい！　もしかして、私もその一員ってことですか？

長　もちろんですよ。

まずは自分の生き方をしっかり整えていくこと、それが一番大切です。

そして、なにか困った時には、私たちとつながっていることを思い出して、声をかけてくれればいいのです。

魂の特徴を表す光

長　なるほど……。マナさんはオレンジですね。

マナ　えっ？　なにがですか？

長　魂のオーラの色ですよ。

マナ　長さんはオーラの色が見えるんですか？　何色あるんですか？　どう違うんですか？　もう興味津々です！

長　説明しますから、そう焦らないでください。

魂のオーラの色は全部で7色です。ゴールド、シルバー、赤、青、オレンジ、グリーン、紫の7色。

魂のオーラというのは、人の特徴を表す光なのですが、実は誰もがすべての色を持っています。ただ、今生を生きるにあたって各人の特徴、どこに比重を置くのかというのをある程度決めるのですね。そうすると、7色のうちのどれかが強く反応して見えるのです。

マナ　持って生まれたというよりは、その色を選んだということなんですね。でも、この7色って、自分でどれなのかは見えないし、分からないんですよね？

長　それぞれの色の特徴を知っておいて、注意深く観察するようにすると、自分はどれか、家族はどれかといったことは分かってくると思いますよ。

少しずつ見えてくる可能性もありますしね。

マナ　じゃあ、ぜひ教えてください！

長　良いですよ。

順番にご紹介していくと、まず金色、ゴールドですね。

金色というのはオールマイティな色です。つまり、7色すべての力をある程度均等に出せるということ。

なんだか特別な色という感じがするし、オールマイティと言うと完璧な存在というふうに思われるかもしれませんが、均等に出せるということは、突出したものがないということでもあるのですよ。

よく言えばオールマイティですが、逆に言うと個性がないということになります。なんでもそつなくこなすのだけれど、可もなく不可もないという、そういった性質になります。

マナ　なんだか意外ですね。

長　続いてシルバーですね。

人間愛が強いという性質を持ちます。人間が大好き、動物も大好きで、性善説、愛情が前面に出てくるのがシルバーなのですね。

相手を傷つけまいと気遣いすぎて、異性に対しては押しが足りないという人になりやすい。さらに、人を信じやすいので、どうしても騙されやすいというところがあります。

マナ　真面目なお人好しという感じですね。

これもちょっと色のイメージとは違う気がします。

長　次に出てくるのは赤ですね。これはイメージできると思いますが……。

マナ　正義感が強くて熱い感じ。

長　そのとおりです。自分の想いをしっかり持っていて、それを強く押し出します。行動力のある、戦闘的なタイプですね。

自分の想いが正しいと信じて疑わないので、悪気なく人に押し付けるところがあります。自己肯定感が高いというよりは、自信過剰という感じになりがちです。

マナ　それ、押し付けられるほうは大変だ……。

長　そのとおりで、赤の人がそばにいると大変です。

でも、それを分かっていれば、ずいぶん変わってきますからね。

そして、その反対の色が青ですね。赤が火なら青は水です。清らかさ、優しさ、それから「水に流す」という言葉のとおり、寛容さという性質もあるのですが、実は水というのが一番恐ろしいのですよ。強烈な戦闘色なのです。

マナ　そうなんですか！

なんとなく、冷静沈着という感じがします。

長　そう、沈着冷静に相手の様子をきちんと見極めて、どんな隙間にもすっと入っていきます。そして、相手の中で凍る。凍ることで膨張して相手を内側から砕いてしまう。そういう冷徹な部分も持っているのが青なのですね。

マナ　たしかにそれは怖いなあ。

長　赤と青は戦闘色、それに対して守りの色なのがグリーンです。グリーンは医療なのですが、お医者さんではなくて薬屋さんというイメージになります。

相手がどういう病にかかっているのか、どんな辛い思いをしているのかといったところを見極めて、そのうえで適切なかたちで愛情を送ることができます。治療するというよりは癒すという性質を強く持っているのがグリーンです。

マナ　自然の木々の緑を見ていても癒されますものね。

長　そうですね。そういった癒しと同質のエネルギーなのですよ。それから、次はオレンジですね。これは少々イレギュラーなエネルギーなのですよ。オレンジは「鬼子母神」の色なのですね。鬼子母神というのは、千人の子を持つ母親だったのですが、人の子供を食べるような邪悪な性質でした。そこで仏が彼女の子供を一人隠したところ、彼女は半狂乱になるほど嘆き悲しみました。

マナ　そのお話、聞いたことがあります。それで改心されて、お母さんや子供たちを守る神様になられたのですよね。

長　おっしゃるとおりです。仏は「子供一人を失ってもそれほど辛いのなら、子供を失った親の気持ちも分かるだろう」とおっしゃって、改心した鬼子母神に子供を返します。

では、そんな鬼子母神の色というのはどんな性質かというと、自分のことについてはからっきしダメ、自分のためには頑張れない人です。ところが、いったん守る者ができた時には、ものすごい力を発揮する。これがオレンジの特徴です。

ただし、気を付けなければならないのは、元々の激しさが出てしまうと、守る者のためなら鬼にも蛇にもなれてしまうこと。過保護になってしまうくらいなら良いのですが、下手をすると悪事に手を染めることもいとわないというところまでいってしまう可能性もあります。

マナ　すごい激しさですね。私はこの色を選んだんだなあ。

長　そう、オレンジはとても激しく、強烈に深い愛の光ですね。

そして最後が紫ですね。この色を持っている人はごく少数です。

マナ　尊くて高貴な色というイメージがあります。
高貴だから少ないんでしょうか？

長　違います。紫は破壊の色だからです。
そんなに怖いイメージはないかもしれませんが、実は本当に恐ろしくて「もういい！ご破算だ！」と言って、全部をぶっ壊してしまうというような過激な性質なのです。
紫を持つ人は、一歩間違えると精神に異常をきたしているような、社会不適合者、犯罪者になってしまいかねません。

マナ　それは、多いと大変なことになりますね。

マナ　自分で選んだ色は、一生変わらないんですか？

長　変わりません。

マナ　星座のような誕生日との関連や、どっちの色が優れているといった上下関係みたいなものはありますか？

長　どちらもありません。

どの色も一長一短なのですが、こういった性質が分かっていると、何か出来事があった時に自分がどう考えてどう行動するかということが、ある程度分かりますよね。

さらに、他の色の人がいるということも分かるから、同じ出来事であっても同じことを考えて同じ行動をするということは有り得ないということも分かります。

そういうことを丁寧に観察していくと、その色の性質を選んだ自分は何をすべきなのか、どういう役割を担っていくのがいちばんふさわしいのかということも、分かってくるようになります。

マナ　たしかにそうですね。

じゃあ、たとえば、色が混ざっているなんていうことはあるんでしょうか？

長　混ざっているということはないのですが、実は人が持っている魂の色は一色だけではなくて、外側、なんとなく観察していたら分かるような色と、内側の色の二色を持っているのです。

たとえば、マナさんの場合は外側に出ているのは鬼子母神のオレンジで、内側の色は癒しのグリーンという具合ですね。お話ししていると、マナさんは本当に人を癒す力があるように感じますよ。

マナ　そうかなあ。自覚はないのですが、そうだったら嬉しいです。

ところで、長さんは何色なんですか？

長　外側が赤で内側が紫です。

あの、そんな怖いものを見るような顔をしないでいただけますか。

マナ　あ……、ごめんなさい。

長　まあ、お気持ちは分かります。

私のようなレアケースはともかくとして、中には赤と青といった相反するエネルギーを持つ人もいて、そういう場合は非常にハードルの高い、舵取りの難しい人生になります。

でも実際のところ、魂の色は、一般的に知られている身体の表面を覆っているオーラのように表面に出てくるわけではないので、外側から観察しても分からないことがほとんどなのですよ。

算命学などに陽占と陰占というものがあるのですね。陽占では有意識世界、顕在意識で把握できる世界での性質を、陰占では無意識世界、潜在意識の世界での、つまり把握することのできない性質をそれぞれ知ることができます。

この陽占が外側の色、陰占が外側の色、そう思っていただくと分かりやすいかもしれません。

マナ　ということは魂の色は、自分では分からないんですね。セッションで質問したら教えてもらえるんですか？

長　はい、お聞きいただければお知らせしますよ。ただし、色が出ていない人もいらっしゃいますからね。

マナ　色が出ていない？　どういうことですか？

長　自分というものをしっかり持っていないと、色が消えてしまっているのですよ。本来の色は見えていますから、「こういう色ですが、今は強く出ていませんね」というふうにお伝えします。

マナ　もしかして、タロットカードを引いても、なにも未来が変わらないという状態と同じですか？

長　さすが、マナさんも察しが良くなってきましたね。

人に寄りかかっている、おんぶに抱っこといった状態でいると、色は出てきません。逆を言うと、色がしっかり出てくると、人に依存することができない、自立しなければならなくなるから、色を消しているということもあるのですよ。

自分を見つめて、自分の人生に責任を持って、自分はどう生きていくのかを自分で決めるようになれば、色はしっかりと出てきます。

マナ　私、しっかりと生きていきたいなあ。

長　まだご自身では気づいていないかもしれませんが、庵に入ってこられた時とは比べ物にならないほど、美しい色が出てきていますよ。

マナ　それはきっと、私の気づかないうちに私にとって不必要なものを、長さんが祓ってくださったからでしょう?

長　もちろんそれもありますが、何より大切なのは、そのことをマナさんご自身が望まれたということです。

そして、私に甘えるだけではなく、真摯に学ばれ、様々なかたちでご自身を見つめて、癒し浄化して、ご自身の人生をしっかりと歩み始められたからですよ。

しっかりと美しい女神として目覚められましたね。

マナ　なんだか、こそばゆいです。
でも、嬉しいです。ありがとうございます。

長　さて、そろそろお別れの時間がきたようですね。
もうここにはいらっしゃらないのが一番ですが、もしも気にかかることがあれば、
またいつでもこの庵を訪ねてくださいね。

マナ　ありがとうございます。心強いです。

長　自信を持って、女神として歩んでいってください。
マナさんの人生に幸あらんことを、いついつまでもお祈りしていますよ。

エピローグ

マナさんとのひと時、実に楽しく学び深いものとなりましたが、あなたにもお楽しみいただけましたでしょうか。

徐々に身軽になられ、本来の美しさを取り戻されていくマナさんの姿は、見ているこちらが感動するほどでした。

そして、そのお姿はあなたにも重なるように感じられます。


さて、今は男性性の社会が極まることで、一聴すると恐れを抱いてしまうような情報や予言といったものが、世の中をにぎわせているようです。

しかしあなたには、それらは過去や未来、様々な世界で生きる、私たちの仲間からの愛のメッセージであることに、どうぞ気づいていただきたいと願います。


未来を知ったあなたは、ご自身の選択によってその未来を変えることができます。

ただ恐れるばかりで何もしないのか、できることから行動していくのか……、その選択はあなたにゆだねられているのです。

このひと時を共にしてくださったあなたならば、多くを語らずともお分かりいただけるものと信じます。あなたが凛と立って幸せに生きてくださることこそが、未来を輝かしいものにしていく道なのです。

どうか恐れではなく、希望の光を携えて、女神として歩みを進めてくださいますように。

なにか困ったことがあれば、いつでもお声をおかけください。

いつかまた、この慈空庵であなたにお会いできますことを、楽しみにしております。

それでは、また。

あとがき

最後までお読みくださり、ありがとうございます。

本書は私が著者ということになってはいますが、実際にはマナさんという架空の主人公が慈空庵に相談に訪れるというスタイルの、ちょっとした小説のような趣向となっています。

私が話したことがもとになっているとはいえ、少々気恥しいところもありましたが、マナさんの気づきや変化を通じて、あなたにも様々なことを感じていただけていれば、これほど嬉しいことはありません。

さて、世の中では多くの霊能者と呼ばれる方々が活躍されていますが、一口に霊能力といっても、実はそれぞれに個性があり、それに応じた役割があります。

そのような中で私の役割は、未来を見通して導くというよりも、問題点をともに解消し、後ろから背中を押すことにあると心得ています。

本書全体を通じてお伝えしているとおり、これからの社会は「女性の意識」が鍵となります。あなたの明るい意識が平安な未来を創っていくのです。

この物語には、そんな未来を創っていく当事者であるあなたが、女神として目覚め、幸せに生きていくためのエッセンスが詰め込まれています。マナさんと私からのメッセージが、あなたが光り輝く未来に向かって歩んでいく一助ともなれば幸いです。

最後に、本書の制作にかかわってくださったすべての皆様に感謝申し上げるとともに、あなたのますますのお幸せを心から祈念いたします。

令和5年12月

長　典男

PROFILE

長 典男 （ちょう のりお）

1957 年生まれ、群馬県在住。
中学２年の時、偶然立ち寄った護国寺で運命的に出会った僧侶に導かれ、和歌山県の高野山にて在家僧侶として修行。22 歳まで活動した後に還俗。現在は自らの「見えないものを視る力」を活かし、人生相談や情報提供を行っている。
共著『はじまりの時 光を観じ愛に生きる時代へ』他
公式サイト：慈空庵　https://jikuan.jp/

女神の目覚め

祓い清めで自分と出会う

この星の 未来を創る 一冊を

きれい・ねっと

2024年1月13日　初版発行

著　　者　長 典男
発 行 人　山内尚子
発　　行　株式会社 きれい・ねっと
〒670-0904　兵庫県姫路市塩町91
TEL：079-285-2215 / FAX：079-222-3866
https://kilei.net

発 売 元　株式会社 星雲社（共同出版社・流通責任出版社）
〒112-0005　東京都文京区水道1-3-30
TEL：03-3868-3275 / FAX：03-3868-6588

装　　画　はせくらみゆき
装　　幀　須藤聖名子
本文デザイン　eastgraphy

ISBN978-4-434-33392-7